낯선 정원에서
엄마를 만나다

낯선 정원에서
엄마를 만나다

가든 디자이너 · 오경아 에세이

When I Met My Mom In A Faraway Garden

 Prologue
천하무적 로봇, 우리 엄마를 소개합니다

엄마는 내가 아는 어느 누구보다 바쁜 사람입니다. 심지어 영국으로 떠나올 때까지도 공항 인터넷 카페에서 일을 했을 정도였으니까요. 영국 와서도 편하기는커녕 언어도 안 통하는 낯선 나라에서 열세 살, 열네 살 아이 둘을 데리고 이제까지와는 전혀 다른 공부를 시작했어요. 학생이자 엄마이고 또 한국에서 온 '외국인'이 된 엄마는 천하무적 로봇처럼 보일 때가 많았습니다. 그래서 나는 이런 생각을 자주 했어요. '세상 엄마들은 자식들을 위해, 또 남편을 위해 매일 힘든 일, 슬픈 감정들을 삼키고 강해지려고 노력하는 여전사들이구나!'

어느 날 창문 밖으로 차 오는 소리가 들려 내려다보니 엄마가 차에서 내리지 않고 너무 피곤한 얼굴로 쉬고 있는 모습이 보였습니다. 그리고 5분쯤 후, 집으로 들어온 엄마는 언제 힘들었냐는 듯 웃으며 저녁 준비를 시작하셨습니다. 그때부터 엄마를 더 도와드려야겠다, 또 엄마만의 휴가를 갖게 해드려야겠다는 생각을 자주 했던 것 같아요. 언니와 내가 태어난 후 아파도 아프지 못했던 엄마에게 레이크 디스트릭트에서 보낸 2주는 처음으로 엄마 자신만을 위한 휴가였다는 걸 잘 압니다.

사실 엄마를 따라가겠다고 조른 데는 엄마와 단 둘이 지내며 최대한 편하게 해드리고 싶었던 마음도 있었습니다. 우리는 레이크 디스트릭트 곳곳을 차로 돌아다니며 많은 얘기를 나눴지요. 정말 쓸데없는, 그때 머릿속으로 잠깐 지나갔던 생각들이었지만 내겐 너무 소중한 기억이에요.

엄마는 내게 친구고, 보호자고, 선생님이 되어주곤 했습니다. 힘들고 걱정되는 일들은 상담을, 친구들 얘기엔 웃음을, 어려운 과제는 머리를 맞대고 의논해주는 세상에 하나뿐인 사람. 그럴 수 있었던 것은 엄마의 솔직함 때문이에요. 엄마는 틀리면 틀렸다고, 별로면 별로라고 말해주었고, 항상 최선을 다해 우리의 얘기를 들어주셨기 때문이죠. 그리고 무엇보다 엄마는 내가 좌절하고 있을 때 주저하지 않고 항상 '네가 최고야!'라며 용기를 북돋아주는 사람입니다.

매일 저녁 엄마가 노트북 자판을 두드리는 소리를 들으며 잠이 들었습니다. 그 소리는 토독토독 빗소리를 닮았어요. 그러면서 궁금해했습니다. '엄마는 무슨 글을 쓰고 있을까?' 이 궁금증은 엄마의 완성된 글을 읽으며 이내 풀렸습니다. '나와 엄마의 이야기였구나' 생각하며 다시 글을 읽어보았어요. 엄마의 솔직함이 그대로 느껴졌습니다. 한 번도 얘기한 적 없었던

외할아버지와 외할머니의 이야기는 이 글이 누구를 위해서가 아니라 엄마 스스로에게 쓴 일기라는 걸 느끼게 해주었지요. 엄마가 우리에게까지 꽁꽁 숨겨두었던 이야기를 꺼낼 수 있었던 건 아마도 세상에서 벗어나 낯선 어느 우주 한구석에 놓인 것 같은 이 아름다운 호수 마을, 레이크 디스트릭트 때문이 아니었을까 싶어요.

둘째 딸 형빈

Prologue
아름다운 휴가에 감사하며

　살아계실 때, 손금을 즐겨 보셨던 친정어머니는 본인은 재물, 명예복은 없어도 명줄이 길어 오래는 살 것이라며 이다음에 추하게 늙어갈 일이 오히려 걱정이라 하셨다. 그러시던 어머니가 예순을 넘기지도 못한 쉰셋에 지병인 당뇨로 세상을 뜨셨다. 홀로 남겨진 아버지는 남겨진 어린 동생들을 어떻게든 자신 손으로 키워야 하니 건강해야 한다고, 쉬시면서도 늘 손에 지압기를 쥐고 사셨다. 하지만 그 아버지 역시 1년 뒤 예순을 못 넘기고 쉰여섯의 나이에 어머니를 따라가셨다. 어머니 곁에 아버지를 묻어드리고 친정집으로 돌아와 마당에 들어설 때, 장례식을 치르는 동안엔 나오지도 않던 눈물이 그제야 쏟아졌다. 잠들 때까지도 끄지 않고 켜두었던 아버지의 안방 텔레비전 옆에, 어제까지도 쥐고 계셨을 손 지압기가 꼭 날 희롱하는 듯했다. 세상이 이럴 수도 있구나, 삶이 이럴 수도 있는 거구나!

그때부터 난 내게 허락된 삶의 시간을 믿지 않게 된 듯싶다. 내일이 온다고 누가 나한테 약속을 해준 적도 없는데 왜 난 내일이 온다는 걸 당연하게 생각했을까? 이 시한부 삶에 왜 난 10년 후, 20년 후를 걱정하느라 지금의 사는 재미를 놓치고 있었을까? 그래서 결심했었다. 삶이 그렇게 내게 뒤통수를 치기 전에 하고 싶은 일을 하며 살아야겠다. 이게 너무 겁 많고, 소심했던 내가 갑자기 두 딸을 데리고 영국 유학을 결심하고, 전 재산이 집 한 채인 사람이 그 집을 팔아 영국 정원을 즐기며 지난 6년을 산 어이없는 이유다. 하지만 맘대로 살아온 지난 6년 동안의 내 삶에 전혀 후회가 없는 것은 아니다. 어떤 삶을 살아도 아쉬움과 미련은 역시나 생기게 마련이구나, 또 다른 교훈을 깨닫고 있는 중이다. 하지만 적어도 늘 같은 색이었던 내 삶에 참 푸르고 싱싱했던 '내 나이 서른아홉'에서 '마흔다섯'이 있었음에 위로 받을 수 있을 것 같다.

영국에서 정원을 만난 일은 세상을 일찍 등진 부모님이 내게 주신 선물이었고, 한국으로 돌아오기 전 찾아간 레이크 디스트릭트라는 영국 환경보존 마을은 떠나왔던 곳으로 돌아가려는 내게 용기 내라고 맘 다독여준 자연의 선물이었다. 언제부터인가 우리는 미래라는 단어에 발전, 생산, 이득이라는 등호를 걸어놓고 있는 듯싶다. 하지만 레이크 디스트릭트는 '개발'이 아니라 '보존'이, '앞서감'이 아니라 '뒤처짐'이, '빠르게'가 아니라 '느리게' 사는 것이 오히려 우리의 아름다운 미래가 될 수도 있다는 걸 참 예쁘게 보여주었다.

여기의 글들은 레이크 디스트릭트와의 인연, 낯선 레이크 디스트릭트에서 만난 '그곳을 지키며 사는 사람들', 여행지에서 문득 떠올랐던 '그리운 이들', 그리고 앞으로 또 어떻게 살아

야 하나, 그때 그 장소에서 떠올랐던 날들에 대해 주제 없이 써 내려간 '생각의 모음'이다. 어쩌면 이 책을 읽고 난 뒤 누군가는 나처럼 영국행 비행기에 몸을 실을 수도 있다는 상상을 해 본다. 이 책을 들고, 그 누군가가 내가 갔던 흔적 위에 또 하나의 발자국을 찍으며 내가 느꼈던 자연의 위로와 나와는 다른 수많은 대화의 시간을 갖게 되지 않을까? 이제 인생의 반을 살아온 것인지도 모를, 마흔의 그 어디쯤에 내게 이런 아름다운 휴가가 있었음에 감사한다.

차례

프롤로그 · 6

아름다운 휴가

레이크 디스트릭트를 떠나며 · · · · · · · 20
1년 6개월 전 · · · · · · · · · · · · · · · · 22
석 달 전 · · · · · · · · · · · · · · · · · · · 25
떠나기 이틀 전 · · · · · · · · · · · · · · · 32
시간을 거꾸로 거슬러 · · · · · · · · · · · 35
부활을 믿는다 · · · · · · · · · · · · · · · · 40
어미 양이 우는 이유 · · · · · · · · · · · · 42
우디의 오두막집 · · · · · · · · · · · · · · 46
그때 그 집 마당 · · · · · · · · · · · · · · · 50

우디의 오두막집에서

슬픈 벚꽃이 또 피었다 · · · · · · · · · · · 56
수선화 가득한 묘지에서 · · · · · · · · · · 61
우유 배달부가 들르는 아침 · · · · · · · · 66
비 오는 날 정원에선 · · · · · · · · · · · · 70
불이 켜진 누군가의 집 · · · · · · · · · · · 74
달이 뜬다 · · · · · · · · · · · · · · · · · · · 78
양들에게 묻는다 · · · · · · · · · · · · · · 80
커피 한 잔이 주는 것들 · · · · · · · · · · 86
어느 오후의 행복 · · · · · · · · · · · · · · 88
심심하게 좋은 날 · · · · · · · · · · · · · · 92
허드윅 양을 만나다 · · · · · · · · · · · · 95

딸 그리고 엄마

떠나는 독립, 보내는 독립 · · · · · · · · · · 100
내가 한 건 대화가 아니었나? · · · · · · · · 104
어른이 된다는 건 · · · · · · · · · · · · · · · · 107
어둠이 스며드는 시간에 · · · · · · · · · · · 112
모든 집은 한 권의 책이 된다 · · · · · · · · 117
밤길 위의 노라 존스 · · · · · · · · · · · · · · 119
어른도 답이 없다 · · · · · · · · · · · · · · · · 121
미안하다, 고맙다 · · · · · · · · · · · · · · · · 126
우리는 모두 돌아간다 · · · · · · · · · · · · · 129
부치지 못한 엽서 · · · · · · · · · · · · · · · · 134
딸의 친구가 찾아오다 · · · · · · · · · · · · · 138
이다음에 · 140
이곳에서의 나의 하루_딸 형빈의 이야기 · · · 142

초원의 빛이여

내 그림자를 밟으며 · · · · · · · · · · · · · · 148
아프고 부대껴야 빛난다 · · · · · · · · · · · 152
동행 · 156
비 오는 날, 토토로를 기다리며 · · · · · · · 159
카페에서 · 162
어떤 오후의 그리움 · · · · · · · · · · · · · · 164
초원의 빛이여! · · · · · · · · · · · · · · · · · · 168
상상해본다 · 172
하루하루가 시험이다 · · · · · · · · · · · · · 175
다 내려놓자 · 176

리 오스카의 마이 로드 · · · · · · · · · · · 178
아름답게 늙자 · · · · · · · · · · · 182
다만 부끄럽지 않게 · · · · · · · · · · · 184
거짓말 그리고 위로 · · · · · · · · · · · 188
누군가 이룬 나의 꿈 · · · · · · · · · · · 190
아이들은 운다 · · · · · · · · · · · 192
멈추지 않을 대화 · · · · · · · · · · · 194

만남

베아트릭스 포터를 찾아서 · · · · · · · · · · · 212
워즈워스의 수선화 · · · · · · · · · · · 218
올드 던전 그릴 펍 · · · · · · · · · · · 222
세라 할머니의 진저브레드 가게 · · · · · · · · · · · 224
자연의 수호신, 존 러스킨 · · · · · · · · · · · 227
내셔널 트러스트의 론슬리 · · · · · · · · · · · 229
산에서 만난 할머니 · · · · · · · · · · · 233
캐롤라인과 존 왓슨의 유트리 농장 · · · · · · · · · · · 235
수선화를 사랑한 존 파킨슨 · · · · · · · · · · · 237
베아트릭스를 지켜준 윌리엄 힐리스 · · · · · · · · · · · 240

자연의 드라마

꿈을 잇는 레이크 디스트릭트 · · · · · · · · · · · 246
자연에 몸을 담근다 · · · · · · · · · · · 251
마을길에서 차를 돌담에 처박다 · · · · · · · · · · · 254
너무 작고 초라한! · · · · · · · · · · · 258
깊은 초록빛의 에라 포스 폭포 · · · · · · · · · · · 260

호수를 품은 리틀 랑데일, 그레이트 랑데일 · · · · · 264
암벽등반의 길, 잭스 레이크 · · · · · · · · · · · · 266
느린 산책자의 길, A592도로 · · · · · · · · · · · 270
산길 따라 커크스톤 패스 · · · · · · · · · · · · 273
나무 심는 사람들 · · · · · · · · · · · · · · · · 278
부끄럽지 않을 흔적 · · · · · · · · · · · · · · · 282
세월은 그냥 흐르지 않았다 · · · · · · · · · · · 284

에필로그 · 288

부록 | 레이크 디스트릭트 산책

레이크 디스트릭트의 마을 산책 · 296
산 너머 마을, 버터미어 · 베아트릭스의 마을, 호크스헤드
산을 품은 마을, 코니스톤 · 회색의 앰블사이드
윈드미어 호수 · 여유로운 호수 마을, 글렌라이딩
시인의 마을, 그래스미어 · 송어의 마을, 트라우트벡
타운엔드 농장 · 주목나무 농장

레이크 디스트릭트의 정원 산책 · 315
정원은 정원이다 · 자연의 디자인, 암석정원
물의 정원 · 튤립과 체리 과수원 · 크래그사이드 정원
펠 풋 공원 · 베아트릭스 포터의 힐 탑 가든

제 1 장

아름다운 휴가

Herb tea

레이크 디스트릭트를 떠나며

자동차 뒷거울에 비친 레이크 디스트릭트Lake District의 산과 호수는 이제 점점 멀어지고, 작아진다. 지난 2주 동안 머물렀던 '우디의 오두막집'을 나설 때, 배웅 나온 주인아주머니는 내 차가 사라질 때까지 차 뒤꽁무니를 향해 손을 흔들어주었다. 느려지는 자동차의 속도가 타이어에 밟히는 비포장도로의 거친 자갈 탓만은 아니었을 것이다. 아쉬운 맘이 자동차의 속도를 붙잡고, 내 맘을 자꾸 거기에 놓아두고 있었다.

마을을 빠져나오는 길. 늘 한가했던 도로가 양들로 가득 차 꼼짝할 수가 없었다. 팔을 뻗으면 쓰다듬을 수 있을 정도로 가까이 양들이 느린 걸음으로 차를 스쳐 지나가는 걸 턱을 괴고 한참 지켜봤다. 이런 기다림이라면 가던 길을 멈추어야 하는 불편함과 빨리 가야 한다는 조급함도 너그럽게 참아줄 수 있을 것만 같다. 길고 느린 양들의 행렬 끝에 지프차 한 대와 양몰이

개가 뒤처지는 양들을 부지런히 재촉한다. 자동차 운전석의 인상 좋아 보이는 농부가 손을 흔들며 나한테도 인사를 건넸다.

"구름이 높이 떠서 오늘은 좀 덥겠습니다!"

그런가? 문득 고개 들어 하늘을 보니 아닌 게 아니라 눈 시리도록 파란 하늘에 흰 구름이 높다. 이곳에서 머무는 동안 계절은 봄을 지나 어느새 여름으로 접어들고 있었다. 차량 뒤로 사라져가는 양들과 농부의 자동차를 사이드미러로 바라보며 이렇게 떠나가면 이곳 레이크 디스트릭트에서의 시간도 곧 흐려질 것이라는 걸 받아들이게 된다. 이 선명한 초록의 기억이 빛바래질 정도의 시간이 흘렀을 때, 다시 이곳에 오자, 그때는 지금보다 좀 더 늙었겠지만 초라하지 않기를, 잔주름이 늘어 있겠지만 인상은 험악해져 있지 않기를 맘속으로 빌었다.

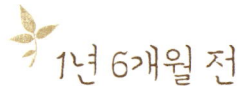 1년 6개월 전

　습기 품은 겨울바람이 뼛속까지 한기를 스미게 하는 영국의 12월 중순. 그 시절에 우리는 레이크 디스트릭트를 찾았다. 하얀 페인트칠을 한 마을 집들의 굴뚝에선 집을 닮은 하얀색 연기가 피어올라 마을을 진공포장이라도 하듯 따뜻하게 감싸고 있었다. 그 먹먹한 시간 속에서 하얀 마을을 물끄러미 바라보다 옆에 서 있던 남편에게 말을 건넸다.
　"아, 여기 꼭 한 번 다시 왔으면 좋겠다."
　"그래, 좋지."
　"한 달 정도 살아보면 더 좋겠어. 그럼 몸속에 찌든 물이 다 빠져나갈 것 같아."
　"그러게. 나도 꼭 그러고 싶다."
　한때는 시를 썼고, 또 한때는 진심으로 스님이 되어 절로 들어가면 안 되겠느냐 했던 그가 나와 같은 생각을 하고 있었다는 게 그리 놀랍지는 않았다.

    시간이 자꾸만 느려지고 있었다. 저녁을 먹을 참으로 마을 언덕 위 펍Pub, 영국식 지역 음식점 및 숙소으로 들어선 뒤, 마을을 바라보고 싶어 바깥마당에 놓인 테이블에 자리를 잡았다. 그곳의 바람은 호수에 몸을 담그고 나왔는지 그 어느 때보다 물기가 뚝뚝 떨어질 듯 축축해져, 방수 윈드 자켓을 뚫고 몸속으로 스산하게 스며들었다. 따끈한 홍합크림탕을 시킨 게 참 잘한 일이었다. 맥주 한 모금을 마시고 얼마 되지 않는 국물을 아껴 속을 덥히는 동안 목수를 꿈꾸는 남편은 쌓아놓은 자작나무 장작 하나를 손에 들고 어색한 기념사진을 한 장 찍었다. 그때 찍은 사진 속의 홍합크림탕과 우리 가족사진은 유난히 색이 진하고 깊다. 영국의 습한 추위가 참 깊고, 진한 사진 속의 색채를 만들어놓았기 때문이었을 것이다.

그때 불어온 바람이 내 머리카락을 훑고 지나갈 때 그 바람 속에 내 바람을 넣었다. '이곳에 다시 오게 해다오'라고. 그런데 정말, 바람이 지구를 한 바퀴 돌아 1년 6개월 뒤, 그 답을 줄 거라고 그땐 상상도 못했다.

 석 달 전

　자유로에서 바라본 여의도의 빌딩들은 아무리 날이 좋아도 회색 스모그에 잠겨 흐린 실루엣으로 시야를 더 뭉개놓는다. 서강대교를 타고 그 회색의 공기 덩어리로 들어갈 때 난 종종 로댕의 〈지옥의 문〉을 떠올렸다. 로댕이 37년에 걸쳐 조각한 지옥의 문에는 고통스러워하는 108개의 인간과 사물의 형상이 새겨져 있다. 로댕에게 지옥은 처절한 고통이 흐르는, 어쩌면 가장 화려한 곳이었을지도 모른다. 그런데 지금 생각해보면 당시의 나는 어쩌면 도시라는 거대한 폐쇄 공간에 대한 공황장애를 앓고 있었는지도 모른다. 그즈음 나는 주말이면 내 집 마당에서 벗어나질 못하고 꽃과 흙을 만지며 살았다. 그래야 살 것 같은, 왜 그러는지 알 수 없는 이상한 위안이 있었기 때문이다.
　레이크 디스트릭트로 떠나기 석 달 전, 한국에서 한 통의 전화를 받았다. 정원을 주제로 전시를 기획해볼 수 있겠냐는

떠나온 곳으로 다시 돌아가 당당하게 살라고,
용기 내라고 맘 다독여준 레이크 디스트릭트의 골목 골목들……
그 길의 끝에서 나는 사랑했던 모든 것들이 주는 위안을 마주했다

제안이었다. 서울 시내 한복판, 인사동에서 펼쳐질 정원 전시는 과연 어떤 모습일까? 그때 문득 6년 전, 팍팍했던 출근길이 떠올랐다. 정원은 그냥 두어도 아름다운 전원 속에 사는 사람이 아니라 도시에 갇혀 공황장애를 앓는 사람에게 꼭 필요한 공간이 아닐까? 사무실 책상 위, 주차장의 담장, 부엌 창문가, 햇살 들어오는 베란다, 작은 사과 상자에도 정원이 담긴다는 걸 보여주고, 함께 나누고 싶어졌다. 석 달밖에 안 되는 빠듯한 준비 기간 동안, 영국의 가든 디자이너와 사진작가, 그리고 한국의 가든 디자이너, 목수, 공예작가들과 함께 도시에서의 자투리 정원을 꿈꿨다. 누구도 해본 적 없는 '정원 전시'라는 꿈에 많은 작가들이 자신의 꿈을 더 보태 아름다운 공간을 만들어주었고 그 꿈 위에 관람객들의 꿈이 더해졌다.

전시가 오픈된 뒤, 한 가지 약속을 더 지키기 위해 나는 서

둘러 다시 영국행 비행기에 올랐다. 6년간의 유학 생활을 정리하고, 한국으로 돌아갈 준비를 하는 시간을 갖고 싶었기 때문이다. 나를 위한 그 시간을 위한 장소는 바로 1년 6개월 전, 다시 찾아가겠다고 나에게 다짐했던 레이크 디스트릭트였다.

어쩌면 나는 도시라는
거대한 폐쇄 공간에 대한 공황장애를
앓고 있었는지도 모른다.
그때 나는 꽃과 흙을 만지며 살았다.
그래야 살 것 같은, 왜 그러는지
알 수 없는 이상한 위안이 거기에
있었기 때문이다

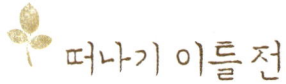# 떠나기 이틀 전

4월 7일. 영국으로 돌아오는 비행기 안, 잠이 쏟아졌다. 잠도 제대로 못 잔 채 두 달을 보낸 후유증 탓일 것이다. 일 년에 두 번쯤은 한국에 다녀오곤 했는데, 한국으로 가는 비행기는 늘 예정된 시간보다 일찍 도착했지만, 영국으로 오는 길은 늘 연착이 되곤 했다. 우리가 살고 있는 지구는 한 방향으로 매일 동에서 서로 하루에 한 번씩, 그 안에 살고 있는 우리가 잊고 있어도 열심히 돌고 있는 중이다. 런던에서 서울로 가는 길은 지구의 자전을 따라가는 길이지만 서울에서 런던을 향하는 길은 돌고 있는 지구를 거슬러 간다. 그러니 힘이 들어 연료도 더 많이 든다고 한다. 그런데 비행기만 힘든 것이 아니라 나 역시 그랬다. 한국으로 가는 길에는 단잠에 빠져 밥 먹는 시간조차 놓치기 일쑤인데, 영국으로 돌아가는 길은 으레 비행기 안에서 선잠을 자다 가위 눌림에 시달렸다. 잠자다 문득 깨면 상공에

떠 있다는 현실감이 엄습해 금방이라도 비행기를 뚫고 나가야 숨 쉴 수 있을 것만 같았다. 땅에 발을 딛지 못한 채 공중에 떠 있다는 것 자체가 어찌할 수 없는 불안과 공포였다. 그런데 그 느낌이 몸은 영국에 있어도 한국에 맘을 둔 채 살아야 했던 내 처지와 참 많이 닮아 있었다.

마흔이 되기 전, 지독한 맘의 몸살을 앓다 결국 하던 방송작가 일을 그만두며 결심한 유학길이었다. 초등학교 6학년, 이제 막 중학교에 접어든 두 딸을 데리고 남편도 없이 시작했던, 밑도 끝도 없이 무모했던 영국에서의 생활. 3년이면 충분하리라고 계산했던 시간이 6년으로 늘어나는 사이 내 맘은 돌림노래의 되돌이표처럼 '돌아가야 한다'라는 생각이 점점 분명해졌다. 멀리 떠나왔던 건 결국 다시 돌아가기 위한 길이었다. 떠나오지 않았으면 더 좋았을지도 모른다는 후회도 있었다. 하지만 떠나오지 않았다면 돌아가야 한다는 사실을 영원히 몰랐을 거라고 스스로 위로도 해본다. 이 낯선 영국에서 맞았던 마흔, 그리고 다시 돌아가 맞게 될 내 40대의 제2부. 무모하게 떠나왔지만 무모하게 다시 돌아갈 수 없는 남겨진 나의 시간을 난 또 어떻게 맞아야 할까.

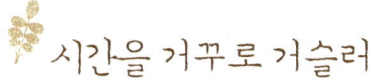# 시간을 거꾸로 거슬러

    한국에서 두 달 넘게 전시 준비를 하느라 분주했던 사이 영국의 봄을 놓쳤다. 4월 9일, 영국 남동쪽 런던엔 봄이 왔다, 이미 가는 중이었다. 한국으로 떠나기 직전이었던 2월 말, 연구실 앞 벚꽃나무는 아직도 앙상했다. 돌아올 때쯤이면 벚꽃을 볼 수 있지 않을까 싶었는데 돌아와 다시 찾은 벚나무엔 이미 만개한 꽃들이 지고 있는 중이었다. 같은 벚꽃이라고 해도 수종에 따라 꽃의 모양이 수백 가지여서 우리의 벚꽃이 하얗게 홑겹으로 수수하게 필 때, 영국의 벚꽃은 바비 인형의 입술 색깔처럼 핑크빛 겹꽃으로 나뭇가지에 팝콘이 엉킨 듯 풍성하게 피어난다. 그런데 수종 다양하기로 유명한 영국에서 매화나무는 본 적이 없었다. 영국에서 정원 디자인 일을 하며 매화를 넣고 싶어 백방으로 매화나무를 수배해본 적이 있는데, 날아온 답변은 '여러 차례 매화나무를 가져와보긴 했지만 영국의 습한 기

후를 이기지 못하고 곰팡이에 의해 괴사되어 영국에선 매화나무를 찾아볼 수 없다'는 것이었다. 그때 매화나무가 고맙게 느껴졌던 건(너무 이기적이었을지도 모르지만) 우리만 가질 수 있는 것 하나쯤 있다는 사실이 내 마음을 흐뭇하게 했기 때문이었을지 모른다.

레이크 디스트릭트로 향하면서 혹시 그곳에서는 이미 지고 있는 벚꽃을 볼 수도 있을지도 모른다는 생각에 맘이 설레기 시작했다. 레이크 디스트릭트까지는 차를 타고 다섯 시간 정도 남에서 북으로 가야 하는 길이어서 조금씩 추워지고 있었다. 실은 정확하게 시속 112킬로미터의 속도로 아주 조금씩 계절을 거슬러 올라가는 중이었다. 그렇다! 타임머신! 놓쳐버린 봄을 분명 레이크 디스트릭트에서라면 다시 찾을 수 있을 것 같은 확신이 들었다.

운전하며 들으려고 준비한 CD들이 잔뜩이었는데 따뜻하게 내리쬐는 햇살을 핑계 삼아 결국 듣고 또 듣던 스티비 원더 Stevie Wonder를 꽂았다.

You are the sunshine of my life.
That's why I'll always be around,
You are the apple of my eye,
Forever you'll stay in my heart.

젊은 시절, 노래의 가사처럼 누군가 '당신은 내 인생의 태양이고, 내 눈에 사과'라고 나에게 말해주길 바랐는데 지금은 누군가에게 이런 말할 수 있는 사람이 더 아름답다는 걸 알게 됐다. 스티비 원더. 이 사람, 세상을 한 번도 본 적 없는 이의 감수성이 어떻게 이렇게 몰랑거릴 수 있을까 궁금하다. 그보다 더 많이 봐서 더 많이 느꼈어야 할 나는 바닷가 모래처럼 서걱거리는데 이 사람, 참 촉촉하다. 차창 유리를 통과해 햇살이 나의 어깨에 내려앉아 나와 함께 간다. 참 오랜만에 긴 겨울 지나 맞아보는 봄의 따스함이다.

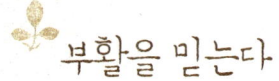

부활을 믿는다

영국의 부활절 휴가Easter Holiday는 4월 둘째 주부터 시작된다. 부활절 휴가는 짧게는 일주일, 길게는 2주일을 쉬는데 영국은 예약 문화가 철저해 적어도 몇 달 전에 숙소를 예약하는 것이 필수다.

영국에도 우리나라의 민박 같은 홀리데이 코티지Holiday Cottage라는 것이 있다. 너른 집을 지닌 시골 사람들이 집의 일부를, 혹은 집 전체를 관광객들을 위해 빌려준다. 부엌과 가구가 완비돼 있어서 근처 슈퍼에서 먹을거리만 사면 집에서처럼 밥을 해먹고 지낼 수 있다. 예약은 최소 일주일 단위로 가능하다.

예약을 하려고 석 달 전에 연락했었는데도 이미 레이크 디스트릭트의 방 상당수가 꽉 차 있었다. 내가 고른 집은 큰 창이 있는 거실에 작은 책상 하나가 놓여 있는 집이었다. 그 창 앞에 서라면 '무엇을 해도 좋은 시간을 보낼 수 있겠다'라는 믿음이 생겼다. 다행히 인터넷도 된다고 하니 함께 오지 못한 남편과 큰딸에게도 이 휴가를 조금은 나눠줄 수 있을 터였다.

부활절의 휴가는 봄을 기뻐하고 즐기는 유럽인들의 문화다. 부활절이라는 말 자체가 종교적인 느낌을 주지만 실은 기독교인들만의 종교적인 축제는 아니다. 이집트와 유럽의 여러 나라에 기독교가 도입되기 이전부터 이미 부활절 축제가 있었다. 성대했던 봄의 축제로 절기상으로 보면 청명淸明과 춘분春分 사이다. 예수 그리스도가 십자가형으로 돌아가신 뒤, 3일 만에 부활했다는 시점이 바로 이 오래된 전통과 맞아떨어진 건 우연은 아닌 듯싶다. 결국 봄 자체가 부활인지도 모른다. 일곱 시간 넘는 시간 동안 차를 몰며 내내 머릿속에서 떠나지 않았던 생각 역시 부활이었다. 해마다 봄이 오듯 우리 몸도 그렇게 깨어나고 부활할 수 있을까?

어미 양이 우는 이유

집을 떠난 지 일곱 시간 만에 레이크 디스트릭트 주로 접어들었다는 걸 알았다. 풍광이 달라졌다. 지평선을 보며 달려왔던 밋밋했던 풍경이 마치 찰흙놀이라도 하듯 잡아당겼다, 눌렀다 들썩거린다. 그 들썩거림이 온통 초록이어서 다행이다. 식물이 초록빛을 띠는 건 빛의 다른 색은 다 흡수하고 중간의 초록빛은 반사해버려 식물의 잎이 초록으로 보이기 때문이다. 어찌 보면 다른 색은 몸 안에 다 흡수해버리고 초록색은 버린 셈이다. 버려진 미운 오리 새끼가 백조가 된 것처럼 식물에게 버려진 이 초록은 인간에게 더할 수 없는 선물이 되었다.

영국의 북쪽은 산이라고 하기엔 낮고, 언덕이라고 하기엔 덩치가 큰 구릉성 계곡Dale이 가득하다. 초록의 민둥산은 얇은 티셔츠 한 장만 걸친 식스팩 근육의 남자를 보듯 적나라하다. 나무가 있었으면 감추어졌을 골과 주름까지도 그대로 드러나, 보지 않아야 할 남의 속을 다 본 것처럼 볼 때마다 당황스러워진다. 어쩌면 나무 없는 산을 본 적 없는 한국 사람의 정서일지도 모른다. 북쪽으로 갈수록 날씨가 춥고 축축해져 경작지는 찾아보기 힘들어져 이곳에 사는 사람들이 먹고살기가 녹록하지 않았을 거라는 생각이 점점 강해진다. 그러나 풍경은 아이러니하게도 눈부실 정도로 아름다워진다.

내비게이션을 따라 마을로 접어드는데 양들의 울음소리가 요란하다. 양들이 이렇게 시끄러웠던가? 양들이 평소와는 달라 잠시 차를 멈춘다. 울타리 너머의 양 떼 속에 이제 태어난 지 얼마 안 돼 강아지만 한 새끼 양들이 보인다. 어미 양들은 새끼들을 돌보느라 정신이 없다. 양들이 침묵하지 않은 건, 어미 품에서 벗어나려는 새끼를 돌보기 위해서다. 이런 맘을 아는지 모르는지 새끼 양들은 어미 말을 안 듣고 그 곁을 수시로 떠나

돌아다닌다. 새끼의 불안한 탈출을 막느라 어미들의 울음소리가 부산하게 초록의 적막을 깨고 있다.

도로를 점령한 채 느긋하게 이동 중인 양 떼들.
레이크 디스트릭트의 시간은 느린 양들의 걸음처럼
천천히 나를 돌아보게 하며 흘러가고 있었다

우디의 오두막집

마을 이름이 우리말로 하자면 '매의 머리Hawkshead'다. 마을 중심에서 조금 벗어난 계곡 이곳저곳에 십여 채의 집들이 보일 듯 말 듯 들어서 있다. 내가 2주간 묵을 집의 이름이 'Woody's Nook', 우디의 오두막집이다. 집마다 이름이 있는 건 사람은 떠나도 집은 남아 누군가의 보금자리가 되기 때문이다. 그래서 영국은 집집마다 집주인의 명패가 아니라 집 이름을 걸어둔다. 가파른 경사에 집들이 자유분방하게 속속 박혀 있다. 윗단에서 집을 못 찾아 헤매는데 아랫단 어떤 집 앞에, 아주머니 한 분이 열심히 나를 향해 손짓한다. 나를 기다리고 있던 주인아주머니였다. 5시 이전까지 오라 했는데 저녁 7시에나 겨우 도착했으니, 주인아주머니가 꽤 오래 밖을 서성였던 모양이다. 나를 보자마자 주인아주머니가 말을 건넨다. 억센 사투리 때문인지 주인아주머니의 영어가 꼭 독일어처럼 춤을 춘다.

2층집의 위층에 주인아주머니가 살고, 아래층을 휴가객들에게 빌려주는 모양이다. 열쇠를 건네주며 아주머니는 한눈에도 다 알 것 같은 집 안 설명을 무척이나 열심히 해주었다. 침실, 욕실, 주방, 거실이 딱 하나씩인 2인용 안성맞춤 집이다. 집 앞 정원은 밋밋한 잔디뿐이지만 그 뒤로 언덕이 구불거리다 수십 킬로미터 시선 끝 어디쯤에서 하늘과 만나 지평선을 그리고, 그 언덕 위에 십여 마리의 양들이 움직임도 없이 서 있다.

갑자기 종아리에 무엇인가가 스쳐 놀라 내려다보니 고양이 한 마리가 털을 내 종아리에 비벼대며 지나간다. 어린 시절 친정집에 들어와 살았던 고양이도 똑같은 습성이 있었다. 고양이는 주인아주머니와 함께 내려온 이 집의 또 다른 식구였다. 고양이 말고도 그 옆에는 양을 모는 오스트리아 셰퍼드 한 마리도 보인다. 원래 셰퍼드 종은 양을 모는 사냥개라 맹도견이지만 평소 성품은 아주 순하다. 사람이나 동물이나 살아온 시간이 얼굴의 모양을 만드는지 신기하게도 그 순함이 얼굴에 가득하다. 이름이 버트인 덩치 큰 셰퍼드는 고개를 돌리지 않고 곁눈질로 슬쩍슬쩍 나를 살핀다. 그 하는 양이 맘을 드러낼 줄 모르는 숫기 없는 다 큰 남자아이 같다. 느긋한 풍경에 사람이나 동물이나 모두 느긋하고 순한 심정을 갖는가 보다. 그런데 코끝이 간지러워진다. 그리 동물들에게 살가운 성격도 아니었지만 언제부터인가 개, 고양이 털 알레르기가 생겨 이젠 정말 안타깝게도 가까이하기엔 너무 먼 그들이 되어버렸다.

우디의 오두막집의 가장 큰 매력은 소박한 정원이었다.
주인아주머니는 마당 구석의 이 야외 테이블에서 매일 아침
한 잔의 차를 마시며 하루를 시작했다

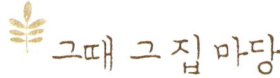# 그때 그 집 마당

누군가의 정원이 소박하다. 정갈하지 않은 정원은 오래 묵은 세월을 담고 있다. 그 정원에서 익숙한 어느 집 마당이 떠오른다. 서울 홍은동 가파른 달동네 내 친정집엔 마당이 있었다. 'ㅁ'자로 들어선 건물에 둘러싸인 사각형의 마당엔 다시 정사각형의 화단이 있었고, 뽕나무 한 그루와 앵두나무 그리고 흰장미, 노랑장미, 산매화, 수국이 가득했다. 오후 6시 30분. 늘 같은 시각에 칼퇴근을 하셨던 공무원 아버지는 집에 들어서며 화단에 물을 주셨다. 그래서 우리는 늘 아버지가 들어오셨다는 걸 그 물소리로 알았다.

고지식한 아버지는 늘어져 엉킨 장미덩굴을 잘라주자는 어머니의 말을 한 번도 들어준 적이 없다. 그래서 우리 집 장미는 각자 길을 찾아 어지럽게 자랐고 꽃도 그리 많이 피지 않았다. 여름이면 습기 탓에 이끼가 무섭게 화단 주변을 덮었고 아버지는 놀이공원 한번 가고 싶다는 우리 육남매의 청을 한 번도 들어주지 않은 채, 그 많은 이끼를 닦아내며 여름휴가를 마당에서 다 보내셨다. 가을이면 뽕나무의 샛노란 큰 잎이 마당에 떨어졌다. 그 큰 잎이 가을비에 젖으면 거친 비질에도 당최 떨어질 생각을 안 했다. 모든 것이 잦아드는 겨울은 마당 빗질을 재촉하는 아버지의 꾸지람이 사라져 차라리 평온한 시간이었다.

　기분 좋은 여름밤이면 아버지는 마당 평상에서 저녁을 먹자고 했다. 목욕탕 대신 마당 수돗가에서 등목을 하시며 "마당이 있으니 서울에 살아도 숨을 쉴 것 같다"며 좋아하셨던 아버지를 우린 너무 미워했다. 그 지독한 고집 때문에, 친구분들이 재테크로 아파트를 장만하고 그 아파트에서 편안한 도시 생활을 누릴 때 우리는 눈이 오면 연탄재를 깨야 했던 가파른 달동네 집에서 1990년까지 재래식 화장실을 사용하며 살았다. 본인

생전에는 절대 다른 곳으로 이사 가지 않겠다고 고집 부리시던 아버지는 결국 그 집 마당에서 쓰러져 그곳에서 돌아가셨다. 그때 그 집은 숱한 도시 재개발 계획에도 빗겨가다, 두 분이 연이어 돌아가신 뒤, 어이없게도 몇 년 되지 않아 아파트 단지 조성으로 집의 반이 도로가 되었고 나머지는 아파트 단지의 일부가 되어버렸다.

"엄마는 원래부터 정원을 좋아했었어?"

곁에 서서 함께 남의 집 마당을 기웃거리며 보던 둘째가 묻는다.

"아니, 엄마도 너만 할 때는 안 그랬어. 아니 오히려 싫어했나?"

"정말? 신기하다. 그럼 왜 그렇게 변했어?"

그걸 잘 모르겠다. 내가 왜 그때 그토록 지독하게 싫어했던 그 집 마당을 이렇게 그리워하고 있는지, 왜 정원에 미쳐 사서 고생을 하며 힘겨운 유학생활까지 자초했는지를!

제 2 장

우디의 오두막집에서

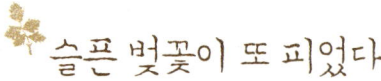
슬픈 벚꽃이 또 피었다

내 걱정은 늘 아랫배로 온다. 싸아하게 아랫배가 틀어대면 하루 종일 화장실을 들락거려야 한다. 고민이 많아지면 홀쭉하게 살이 빠지는 이유도 이 아랫배 탓이다. 모든 걸 훌훌 털어버리려고 온 여행임에도 인터넷과 스마트폰을 통해 걱정이 줄줄 흘러 들어오니 막을 길이 없다. 레이크 디스트릭트에서도 며칠은 이 아랫배의 고통에 시달렸다. 아무리 떨어지라고 외쳐도 쉽게 떨어져 나갈 걱정들이 아니니 배앓이도 쉽게 가시질 않는다.

점심 먹을 요량으로 찾아간 글렌라이딩Glenridding 마을엔 런던에서 이미 진 벚꽃이 활짝 피었다. 호텔 입구 길에 분홍 벚꽃이 진하디진해 그 꽃 터널을 지나칠 수 없어 일부러 차를 돌렸다. 벚꽃이 너무 고와서 눈물 난다.

영국에서 뜻하지 않게 한국 영화, 〈애자〉를 봤다. 엄마, 김영애가 생애 마지막 날에 한 일이 딸과 함께한 벚꽃 구경이었다.

야윈 얼굴의 그녀가 차창의 벚꽃을 보며 '참 곱다'라고 했던 그 눈빛을 잊을 수 없다. 어디서 많이 봤던, 누군가의 눈빛이었다.
 친정어머니 기일이 5월 10일이다. 돌아가시기 전, 엄마를 찾았을 때 엄마는 병원 창문 밖을 내려다보고 있었다. 서울대학교병원의 뒤뜰 너머로 창경궁의 벚꽃이 한창이었다. 엄마는 저 흰 것들이 나비냐고 내게 물었다. 힘든 병원 생활에 시간을 잊고 살던 엄마에게 창경궁엔 벌써 벚꽃이 활짝 다 피었다고 말했었다. 그때 엄마도 애자의 엄마처럼 세상에 태어나 처음으로 벚꽃을 보는 이처럼 그랬다.
 "참 곱다."
 그리고 그해 봄, 보름이 안 돼 엄마는 세상을 떠났다. 지금도 참 많이 후회한다. 왜 그날 그 지독한 소독 냄새 나는 병원에서 엄마를 꺼내주지 못했을까? 왜 못내 눈 못 떼는 하얀 창

너무 고와서 눈부신 벚꽃 그늘 밑에서
문득, 사라진 이들의 이름을 불러본다.
이 볕이, 이 꽃이 이리도 서러운 건 왜일까

경궁 벚꽃을 같이 보러 가자고 권해보지도 않았을까? 그땐 그게 엄마의 마지막 봄일 것이라 생각 못했다. 그땐 그걸 보고 가셨으면 덜 아프게 가셨을 것이라는 걸 알아차리지 못했다.

벚꽃이 너무 고와서인지, 내 서러움이 깊어서인지 다시 아랫배가 틀어온다. 참 서러운 벚꽃이 레이크 디스트릭트에도 있었다.

수선화 가득한 묘지에서

베아트릭스의 농장을 찾아가던 길 건너 언덕이 온통 노랗게 물들어 있다. 수선화 가득한 묘지다. 지나칠 수 없어 근처에 차를 세우고 묘지를 향해 걷는데 먹구름이 하늘을 덮더니 바람도 거세졌다. 그 바람 속에 누군가의 그리움이었을 수천 송이의 수선화가 흔들렸다. 누가 이 많은 수선화를 이 묘지에 심었을까? 얼마나 많은 그리움을 이렇게 노랗게 담았을까? 거세진 바람은 이제 몸을 휘청거리게 할 정도로 불어댄다. 할머니 묘지에 내가 심었던 국화도 노란 꽃이었다. 그 국화도 살아남아 바람이 불면 이렇게 흔들리고 있을까? 할머니의 묘를 찾은 지도 참 오래전 일이다.

대학교 1학년 때 치매가 심해진 할머니를 뵈러 간다고 하니 아버지가 갈 필요 없다고 딱 자르셔서 그게 야속해 편지 한 장 써놓고 무작정 나선 길이었다. 할머니가 계시는 곳은 내 기

억에는 없는 '내가 태어난 곳'이기도 했다. 이리라고 불렸던 지금의 익산역에 내려 정읍 가는 버스를 타고, 다시 버스에서 내려 30분 넘게 경운기 다니는 들길을 걸어 승방리에 도착했다. 마당에 들어선 나를 큰어머니는 반가워하는 기색도 없이 "기억도 못할 것인디 뭐더러 왔어"라며 할머니가 계시는 방 안을 가리키셨다. 방 안엔 늘 정갈하게 은비녀를 꽂아 쪽을 지었던 할머니가 낯선 단발머리를 한 채 나를 보고 "니가 누구여?"라고 물으셨다. 그리고 그날 엄마를 대신해 여섯 살이 될 때까지 나를 업어 키운 할머니는 스무 번도 넘게 "니가 누구여"를 묻고 또 물으셨다.

그날 밤, 손녀딸도 기억 못하는 할머니는 어제 빨아 말렸다는 하얀 광목 홑청 이불을 벽장에서 꺼내 깔아주시며 빨리 누워 자라고 재촉하셨다. 큰어머니는 "핏줄이 징하긴 징한갑다.

며칠 내내 왜 자꾸 이불 홑청을 빨아쌌는가 했더니 니 올라고 그랬는갑네"라고 혀를 차셨다.

 그날 밤, 태어나서 여섯 해를 잤다는 그 방에서 눈이 어지러울 정도로 복잡했던 벽지의 장식을 머릿속에 그리고 또 그리며 내 삶에서 가장 길고 낯선 밤을 보냈다. 서울로 가는 기차 안, 참으려고 할수록 더 쓰리게 목을 넘어오는 흐느낌에 목이 쉬어 말을 할 수도 없었다.

 할머니의 임종을 지켜보지 못한 나는 할머니를 밥공기를 엎어놓은 듯한 묘지에서 다시 찾아뵈었다. 묘지에서 다시 만난 할머니는 다시 찾아온 그리움이었다. 그때 얼핏 알았던 듯싶다. 묘지는 죽은 자의 공간이 아니라 산 사람들의 그리움을 담은 곳이라는 걸. 이곳의 수선화 속에 누군가의 그리움이 참 노랗게 출렁거린다.

묘지는 죽은 자의 공간이 아니라
산 사람들의 그리움을 담은 곳이 아닐까.
수선화 속에 누군가의 그리움이 노랗게 출렁거린다

우유 배달부가 들르는 아침

'우유 한 병, 계란 한 팩, 사과 주스 한 병' 종이에 목록을 적은 뒤 잘 접어 돌 밑에 묻었다. 다음 날 아침 부스럭거리는 소리에 일어나보니 부엌 창문 앞 턱에 하얀 우유가 담긴 병 하나, 종이 팩에 담긴 달걀 여섯 개, 그리고 사과 주스 한 병이 놓여 있다. 방금 전 배달부는 우리 집을 다녀갔다.

우디의 오두막집으로 들어오던 날, 주인아주머니는 메뉴가 적힌 종이 한 장을 주었다. 배달차가 매일 아침 집에 들를 테니 주문하고 싶은 것이 있으면 종이에 써서 주방 앞 돌 밑에 묻어놓으라고 했다. 그다음 날, 새벽 산책길에 야채를 싣는 트럭을 만났는데 그게 배달부의 차였다. 호크스헤드 마을의 산속, 주사위를 던져놓은 것처럼 여기저기 불규칙적으로 들어서 있는 스무 가구의 집들 사이를 배달차는 그날의 식료품을 싣고 손님을 찾아다닌다. 배달된 식료품의 지불은 일주일에 한 번 배달차가 계산서를 돌 밑에 묻어놓으면 다시 그 밑에 돈을 넣어두면 된다. 얼굴도 모르는 배달부와의 소통인 셈이다. 그런데 서로 얼굴도 모른 채 나누고 있는 이 이상한 소통에서 푸근한 정이 느껴진다.

우유에 그간 느껴보지 못했던 고소함이 진하다. 우유를 좋아하지 않는 작은 녀석까지도 하루 한 병을 거뜬히 먹을 정도이니 주관적인 판단은 아니다. 영국에는 요즘 지역별로 로컬 푸드 운동이 한창인데, 이는 멀리서 식료품을 운송해 오지 말고 근거리 지역에서 생산하는 식료품을 먹자는 캠페인이다. 운송비가 사라지니 가격이 저렴해질 것이고 인근 농가가 활성화되니 도시를 떠났던 농부들이 다시 돌아올 것이라는 사회·경제적인 의미도 함께 담고 있다.

매일 밤, 내일은 무얼 먹을까 고민하며 메뉴를 바라본다. 그리고 고민하다 메모지에 감자 두 개, 우유 한 병이라고 쓰고 그 옆에 수줍은 인사도 함께 써본다. '고맙습니다. 만나서 반갑습니다.'

TOWN END DAIRY LTD
CHESTNUT ROAD, WINDERMERE
CUMBRIA, LA23 2AL
TEL. 015394 42357

DOORSTEP PRICE LIST FROM FEB 7TH 2011

Milk
1 pint full fat (silver)	55p
1 pint Semi skimmed (red)	55p
1 pint Skimmed (blue)	55p
1 pint fresh orange	77P

Double cream
10 oz	1.10p
5 oz	70p

Whipping cream
10 oz (NEXT DAY)	1.00p

Single cream
10 oz (NEXT DAY)	75p

Fresh farm eggs
Half dozens	
Extra large	1.00p
Large	94p
Medium	88p

Potatoes
55lb (next day)	£8.00
28lb (next day)	£4.00
3lb	77p
Baking potatoes (next day) 32p each	

Strathmore Mineral water
Sparkling 1.5 litre	70p
Still 1.5 litre	70

Fruit juices
Orange (Litre)	£1.10
Apple (litre)	£1.10
Pineapple juice (litre)	£1.35
Grapefruit (litre)	£1.10
Cranberry (litre)	£1.35
Fresh bottled orange juice	77p

Minerals (litre)
(13 pence refund on returned bottles)
Lemonade	77p
Diet Lemonade	77
Coola cola	77p
Dandilion and Burdock	77p
Cream soda	77p

FIRE
Sack of logs	(sack)	£3.70
Kindling	(sack)	£4.20
COAL 10 KG BAG (NEXT DAY)		£4.00

CORDIALS
Orange	£1.50
Lime	£1.50

Yoghurts
Full fat yoghurts	33p
Diet fruit yoghurts	33p
Natural unsweetened	33p

NOM TWIN POT YOGURTS
strawberry,
Milk chocolate raisins
Mango and passion fruit
Kiwi and gooseberry
Cherry — 64p each

long life Milkshakes
Strawberry
Banana , Chocolate — 60P EACH

Cheese etc
Red cheddar per lb	£2.56
White cheddar per lb	£2.72
Local butter per lb	£3.20

Miscellaneous
Aluminium foil (25meters)	£4.99
Cling film (150 meters)	£4.59
Refuse sacks (50 heavy duty)	£7.49
Refuse sack (Each)	18 pence
Freezer bags (50)	£1.75
Toilet rolls (9)	£3.60
Tea bags (40)	£1.30p
Kitchen rolls (2)	£1.29

WILD BIRD FOOD
1kg wild bird seed	£1.20
1kg husk free	£1.60
1kg nuts	£2.00
1kg sunflower seed	£1.40
1kg sunflower hearts	£2.25
6 fat ball pack	£1.00

PETS CORNER
Pigs ears	75peach
Choc drops 250 gm	£1.89
Bonio 1.2kg	£3.01
1.5kg Markies	£5.21

Garden products (next day)
Rich garden peat (40litres)	£2.29
Multi purpose compost (40litres)	£3.99
Full size grow bag	£1.89
Ornamental bark	£9.49
Soil conditioner	£2.99
PEAT FREE COMPOST 40 (litres)	£4.99
8kg pelleted fertiliser	£6.99

호크스헤드 곳곳을 누비는 배달부의 정성이 느껴지는 메뉴판.
매일 밤 메뉴판을 들여다보며 내일의 메뉴를 고민하던 일은
행복한 일상 가운데 하나다

# 비 오는 날 정원에선

도착한 지 사흘째 되던 날, 내내 날씨가 좋더니 드디어 비가 내린다. 초록빛 풀 위로 급할 것도 없이 비가 아침부터 부슬거린다. 집으로 들어오던 첫날, 거실 책상 위에 집주인이 올려둔 망원경이 생경했다. 주인아주머니는 특별히 비 오는 날 이 망원경을 이용해보라고 경험에서 우러난 권고사항까지 친절하게 알려주고 갔다. 초록의 풀밖에 없는 언덕에 망원경으로 볼 게 있을까 싶어 치워두었다가 비 오는 김에 주인아주머니가 알려주신 팁을 써먹기로 했다.

망원경 속의 세상은 처음엔 뿌옇다가 순간 초점이 맞으며, 제일 먼저 다섯 배는 더 커진 빗방울이 보인다. 생각보다 성능 좋은 망원경은 나뭇잎에 떨어지는 빗방울의 부서지는 모습까지도 잡는다. 잔디 속 곤충들은 다 어디로 피신했으려나? 자기 몸체만 한 빗방울이 떨어지는 셈이니 비가 오면 곤충들은 생명의 위협을 당하는 셈이다. 언덕 위에 하얀 점처럼 보였던 한 마리의 양은 실은 어미 양과 새끼 양 두 마리다. 아직 작아 보이는 새끼는 어미젖을 빠는데, 좀 더 자란 어린 양은 어미처럼 풀을 뜯는다. 이유식을 시작한 모양이다.

비가 온다는 건 양들에게 어떤 의미일까. 비가 와도 양들은 참 상관없이 풀만 먹는다. 초원 위에 덩그러니 혼자 남은 벚꽃나무 가지에 맺힌 물방울도 잡힐 듯 굵다. 색감이 그냥 불그스름하다고 생각했는데 수백 개의 분홍 꽃망울이 터지기 일보 직전이다. 이 비 그치고 나면 따뜻한 봄바람 불어 저 닫힌 꽃잎을 열어주었으면 좋겠다. 담을 타고 오른 담쟁이덩굴에 블랙버드Blackbird가 날아든다. 온통 까만 깃털에 주둥이만 샛노랗다. 기타 반주가 아름다워 듣기 좋아했던 비틀즈의 〈블랙버드〉가 생각난다.

Blackbird singing in the dead of night
Take these broken wings and learn to fly
All your life,
You were only waiting for this moment
to arise

칠흑 같은 어둠 속에서 블랙버드가 노래해
부러진 양 날개로 파닥이며 날갯짓을 하지
평생 동안 날아오를 이 순간을 기다려왔거든

비 오는 날 듣는 기타 반주는 비 긋는 소리처럼 들린다. 폴 매카트니는 날개가 부러진 까만 새, 블랙버드는 흑인을 상징적으로 표현한 것이라 했다. 흑인뿐만 아니라 우린 누구나 상처 하나쯤 안고, 벌겋게 피 흘리며 그래도 날기 위해, '나는 법'을 배우고 있는 것도 같다. 블랙버드가 담쟁이덩굴의 까만 열매를 쪼아 먹다 다시 날아가버린다. 비가 와도 정원은 참 별일 없다.

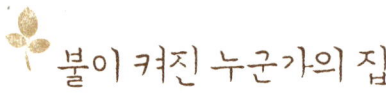# 불이 켜진 누군가의 집

외식을 해볼 참으로 저녁 거리를 나섰다. 피시 앤 칩스Fish & Chips를 먹을 참이었다. 전통 음식이 그리 많지 않은 영국에서 피시 앤 칩스는 전 국민이 좋아하는 외식 메뉴다. 동태 비슷한 생선에 밀가루 튀김옷을 입혀 튀기고, 그 옆에 감자를 손가락 마디만 하게 잘라 기름에 튀기는데, 여기에 영국인들은 소금과 식초를 뿌려서 먹는다. 시큼하면서도 짭짤한 맛이 생선과 감자에 배어 느끼하면서도 개운하다.

20분 만에 나온 뜨끈한 물고기와 감자튀김을 들고 근처 공원으로 향한다. 옆 마을 앰블사이드Ambleside 시내에 자리한 공원이라 와본 적이 없다고 생각했는데 실은 며칠 전 지나갔던 곳이었다. 그땐 햇살이 쨍쨍 내리쬐는 보기 드문 여름 날씨였고 공원에는 사람들이 가득했다. 윗옷을 벗고 일광욕을 즐기는 사람들, 미니 골프를 즐기는 노인들, 풀밭을 뛰노는 아이들은 뜨거운 햇살 아래 땀을 흘리며 공을 차고 있었다. 그때 본 공원은 통통 튀어 오르는 공처럼 생명력 넘치는, 살아 있는 곳이었다. 하지만 지금 어둠이 안개처럼 내려온 공원은 마치 그때의 일이 거짓말이었다고 말하는 것 같다. 공원을 걷는 이도 우리밖에 없어서 쓸쓸함이 어둠과 비빔이 되어 검게 짙어진다.

둘러보니 벤치에 앉아 튀긴 물고기를 먹는 우리 말고도 유모차를 끌고 나온 젊은 부부가 있다. 유모차에서 내린 아이가 미니 골프장을 뛰어다니고, 아빠는 억지로 아이를 못 잡는 척 과장된 달리기를 한다. 한국이나 영국이나 아빠들이 아이들과 할 수 있는 놀이는 뻔한 모양이다.

날이 지기 시작하면 어둠은 생각보다 빠르게 찾아온다. 조금 전까지 낮에 나온 달처럼 말갛게 켜져 있던 상점들의 불빛이 점점 노랗게 진해진다. 그 노란 불빛은 '여기 사람이 있다'

고 말해주는 듯하다. 밤이 아무리 캄캄하고 무서워도 불 밝힌 집 한 채만 있으면 안심이 된다. 날 반겨주는 집이 아니라고 해도 세상이 어두워질 때 나와 함께 이 밤을 지새우고 있는 누군가가 있다는 건 푸근한 안심이다. 이 멀고 먼 타국에서도 똑같다는 위로를 받고 있다는 게 신기하다. 누구의 집이라도 문 두드리고 반갑게 인사 나누고 싶어진다.

세상이 어두워질 때 나와 함께 이 밤을 지새우고 있는
누군가가 있다는 건 푸근한 안심이다

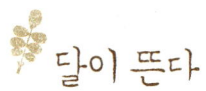 달이 뜬다

집으로 돌아오는 길, 돌담 모퉁이를 도는 순간 너무 깜짝 놀랐다. 숨어 있다가 갑자기 사람을 놀라게 하며 달려들 듯 두둥 커다랗게 나타났다. 어느 한 귀퉁이 찌그러진 곳도 없는 완벽한 둥근 보름달이 이제 막 떠올라 지평선 바로 위에 걸려 있는데 정말 눈부신 황금색이다. 그 황금색이 태양처럼 눈을 뜰 수 없게 불타는 것이 아니라 금화 동전의 반짝임처럼 차갑게 빛난다. 그런데 저렇게 달이 컸던가?

쟁반같이 둥근 달이라는 동요 가사의 비유가 조금 맞지 않는다 생각했는데 확실히 농구공보다는 크고, 쟁반만 하다. 이렇게 큰 달을 본 기억이 없다. 그 큰 달 안에 얼룩진 분화구가 너무 선명해 망원경으로 본 세상인 듯싶다. 레이크 디스트릭트 하늘에 떠 있던 달이 유난히 다르게 보이는 건 맑은 공기 탓인가 보다. 먼지 없는 맑은 공기는 낮의 세상뿐만 아니라 밤의 세상도 더 깊고, 투명하게 만들어 크리스털로 만든 세상처럼 내려치면 쩍 하고 깨져 사라질 듯하지만, 그 풍경은 고고하다.

도심에서 본 달이 작은 건 이제 막 차오르는 것이 아니라 빌딩의 스카이라인에 가려졌다 중천에 떠오른 뒤에야 우리 눈에 들어오기 때문일 것이다. 우리 머리 꼭대기로 올라선 달은 이미 멀어져 그 크기가 작아지고, 빛도 옅어진다.

레이크 디스트릭트의 밤이 참으로 까맣고 투명하다. 그 투명한 까만 하늘에 쟁반같이 둥근 달이 나에게 '나를 처음 보느냐'고 묻는 듯하다. 분명 수천 번, 수만 번도 넘게 봤던 달일 텐데 오늘에서야 달이 내 맘에 들어와 말을 걸어온다.

양들에게 묻는다

　고작 일주일이 지났는데 새끼 양들의 덩치가 달라졌다. 하루가 다르게 자라는 양들은 이제 제법 다리도 길어졌고, 털도 더 길고 복슬복슬해졌다. 오늘은 하루 종일 집 안에서 머물기로 했다. 정원 뒤편 언덕 위의 양들이 좋은 친구가 되어준다. 우디의 오두막집은 가장 낮은 곳에 자리 잡고 있어 작은 개울을 건너면 양을 키우는 초원으로 바로 이어진다. 양들은 가끔씩 물을 먹으며 집 앞 개울까지 내려온다. 어미들은 능숙하게 개울물을 먹은 뒤 초원 위로 올라서는데, 어린 양들은 다리가 짧아 개울 밑으로 깊숙이 내려간 뒤 올라서질 못한다. 가끔 보면 동물의 세계는 눈물 날 정도로 진한 모성애가 가득하기도 하지만 어떤 때는 참 냉정하고 차갑다. 올라서려고 바둥거리는 새끼 양을 그대로 둔 채 다른 양들은 언덕으로 올라가 아는 척도 없이 풀만 또 뜯는다. 결국 아기 양 혼자 죽을힘을 다해 올라와

무리에 끼었다.

얼마 전 한국에 사는 동서가 양털같이 생긴 후드 달린 조끼를 선물해주었는데 입고 있으니 진짜 양을 꼭 닮은 듯 보였다. 그걸 입고 양 울음소리를 따라하며 양들 틈으로 다가가본다. 언뜻 속아줄 듯도 싶은데 보기보다 양들이 영리하다. 작은아이가 내 하는 꼴이 한심한지 혀를 차며 "양을 그렇게 허술하게 보세요?" 이런다. 따지고 보면 내가 양띠이니 양하고 그렇게 관련이 없는 것도 아니다. 그날 하루 종일 양들만 바라봐서인지 눈을 감아도 양이 동동 떠 있곤 했다. 그런데 내가 하루 종일 관찰한 양들의 일과는 딱 두 가지였다. 먹거나 졸거나! 평생 동안 이렇게 눈뜨면 먹고, 밤이 오면 자고, 그리고 다시 아침이 오면 먹고, 양들은 이렇게 산다. 어처구니없이 단순한 삶이다. 이런 삶을 사는 게 행복한 것이냐고 양들에게 묻고도 싶어진다.

하루 종일 먹거나 자거나 둘 중의 하나지만
푸른 초원과 시냇물을 오가는 양들의 행렬에
새삼 부러운 마음이 드는 건 왜일까

그런데 다시 생각해보면 우리라고 다를 것도 없다. 어떤 직업을 가지고 있든 우리 역시 먹기 위해서 돈 벌고, 밤이 되면 자고 싶고, 그리고 아침이면 다시 먹고살기 위해 일을 한다. 다를 거 있나? 어쩌면 인간들이 헛똑똑이라 이토록 단순하게 살아도 되는 것을 너무 어렵고 힘들게 먹고사는 건지도 모른다.

거실 앞 유리창을 통해 하루 종일 양들을 지켜보다 보면 양들의 삶이 보였다.
그들에겐 잘 먹고, 잘 자고, 다음 날 다시 똑같이 일상을 맞는 일뿐이었다.
그런데 결국 우리도 잘 먹고, 잘 자려고 열심히 사는 거 아닌가?

커피 한 잔이 주는 것들

　중독인가? 커피가 고프다. 점심 먹으려고 옆 마을, 코니스톤Coniston 주차장에 차를 세웠다. 정해진 시간이 두 시간이어서 3시 30분까지는 주차장으로 다시 돌아와야 한다. 벌어놓은 두 시간을 한적한 시골길을 걷는 데 한 시간, 시내 둘러보는 데 한 시간. 그리고 나머지 30분은 주차장 근처에 눈여겨본 카페에서 커피 한 잔을 마신다는 계획으로 시간을 쪼개놓는다. 그런데 산책길 흐르는 시냇물에 손을 담그며, 기념품 가게를 둘러보며, 심지어 아이스크림 집 앞에서도 커피 생각이 간절해진다.

　나는 묽어서 마시는 데 시간이 걸리는, 아무것도 넣지 않은 아메리카노를 좋아한다. 에스프레소는 즐길 시간이 너무 짧아 아쉽고, 단맛을 그리 좋아하지 않기 때문이다. 지금은 대학생이 된 큰딸이 언젠가 내가 단맛을 싫어하는 건 성질이 독해서라고 말한 적도 있다. 그랬던 녀석도 이제는 단맛을 싫다고 한다. 녀석도 벌써 세상 앞에 독해지고 있는 건지도 모른다.

방송 일을 시작하며 배운 '커피 마시기'는 실은 커피 맛을 알아서가 아니라 커피 한 잔을 마실 수 있는 시간을 갖고 싶어서였다. 쥐어짜도 나오지 않는 아이디어 회의 때문에 머릿속이 헝클어진 서랍 안처럼 복잡해지면 그걸 끊어내고 잠시 정리해 볼 시간이 고파서랄까. 물이 끓어오를 때까지의 시간, 너무 뜨거워진 커피를 잠시 식혔다 마실 수 있는 시간, 그 시간을 커피와 함께 마셨다.

마을을 돌아본 뒤, 계획에 잡아두었던 카페에 앉아 드디어 김이 모락모락 나는 커피를 앞에 둔다. 커피의 구수한 향과 함께 흩뿌려놓은 스냅사진처럼 어지럽게 저장됐던 마을의 영상이 조금씩 자리를 잡는다. 이제야 마을이 원래 있었던 제자리로 내 기억 속에 정리되는 듯하다.

어느 오후의 행복

점심 먹으러 레스토랑에 들어간다. 안이 너무 어두워 햇볕 드는 바깥 테이블에 자리를 잡고 버섯리조또 주문을 넣었다. 동양의 키 작은 여자가 혼자 노트북에 카메라까지 짊어지고 밥 먹으러 들어왔으면 곁눈질로라도 힐끔거릴 만한데, 남이 무엇을 하든 신경 안 쓰는 영국인들은 눈길도 안 준다. 혼자 밥을 먹고, 혼자 영화를 보고, 혼자라는 것 자체가 큰일인 것처럼 생각하는 우리와 달리 이들은 혼자서도 모든 일을 참 잘한다.

점심시간, 런던의 사무실 근처 공원은 혼자 밥을 먹는 사람들로 가득하다. 특별한 약속이 없으면 굳이 누구와 식사를 하려 하지 않고 공원을 찾아 혼자서 밥을 먹고, 혼자 책을 보다, 다시 회사로 들어간다. 이 어색했던 혼자가 이젠 나도 익숙해져서 혼자 여행도 하고, 혼자 운전도 하고, 혼자 이렇게 밥도 잘 먹는다. 이상할지 모르지만 혼자라서 편하고, 그리고 덜 외롭기도 하다.

    레스토랑이 딸린 이 호텔에서 마침 결혼식이 있었는지, 정장을 차려 입은 하객들과 웨딩드레스 차림의 신부, 까만 꼬리를 단 연미복의 신랑도 보인다. 호수를 배경으로 잔디밭에서 그림 같은 결혼식을 올린 모양이다. 호숫가에서 물수제비를 뜨고 있던 젊은 청년 무리 중 하나가 내게 다가와 사진을 한 장 찍어달라 부탁한다. 건네받은 카메라의 파인더 속에 젊고 건강한 이십 대의 젊은 청년 다섯이 경쾌하게 들어온다. 파인더 안에서 웃고 있는 청년들은 앞으로 10년쯤 뒤 이 장소, 이 결혼을 어떻게 기억하게 될까?

    잘 달궈진 자갈 위에 앉으니 엉덩이로 따뜻한 기운이 올라와 기분 좋다. 의무감으로 무겁게 들고 다녔던 카메라도 잠시 내려놓고 하늘, 산, 호수를 바라보며 고요함을 찾아본다. 참 편안하고 노곤하게 행복하다.

햇살 드는 레스토랑에서 찾은 고요한 어느 오후의 행복.
어느 누구의 방해도 받지 않고 온전히 '혼자'임을 즐길 수 있다는 것이
바로 여행의 기술이 아닐까

심심하게 좋은 날

　새벽 5시 즈음, 새들이 정말 시끄럽다. 살짝 열어놓은 침실 창문으로 어김없이 새소리가 요란하다. 아침 7시. 옆집 아저씨가 일어나셨는지 옆집 정원에서 부스럭거리는 소리가 들려온다. 목청이 남다른 주인아주머니가 "5분만 와서 놀다가요"라고 옆집 아저씨에게 소리친다. 조금이라도 더 침대에서 버텨보려고 했는데 이미 잠은 달아나버렸다. 커튼을 열고 창밖을 보니 옆집 아저씨와 주인아주머니가 나란히 차를 마시고 있다. 이야기 소리가 크게는 안 들려도 정원에 핀 꽃 얘기, 울타리를 고쳐야 하는데 나무부터 사러 가야겠다는 이야기, 커플 티 맞추듯 옆집과 함께 울타리 색을 고르는 그들의 대화가 잠이 덜 깬 내 머리 위를 둥둥거린다.
　주인아주머니가 말한 '5분의 대화'는 분명 아니었다. 30분 남짓 수다를 떨던 옆집 아저씨가 건너가고 주인아주머니는 집

안으로 들어가 청소를 시작한 모양이다. 진공청소기 소리가 천장까지 진동시킨다. 주인아주머니의 남편은 경찰이라고 한다. 이곳에 경찰이 필요할까, 문득 경찰이 주인공인 유럽영화 한 편이 생각난다. 그 영화 배경이 이런 시골이었다. 수십 년 동안 사건 하나 일어나지 않는 마을에서 경찰서를 없애려고 하자 경찰이 일부러 사고를 만들어 경찰서의 필요성을 알려주려는 해프닝을 그린 영화였다. 영화 속의 마을이 꼭 이랬을 것 같다. 이 심심하고, 특별할 것도 없는 삶. 양이 자라는 걸 지켜보고, 정원의 꽃을 갈아주기 위해 꽃 시장을 찾으며 한가로이 살아도 되는데, 왜 이렇게 '바쁘다'라는 말을 입에 달며 하고 싶은 일은 '다음'으로 미룬 채 살고 있는지 모르겠다. 아무것도 하지 않아서 좋은 날, 심심하게 좋은 봄날이 간다.

허드윅 양을 만나다

레이크 디스트릭트에선 분명 사람보다 양이 더 많다. 숫자로만 보자면 양들이 이곳의 주인이라고 할 만하다. 양들은 집 근처 초원에서도 키우지만 대부분은 산에서 자란다. 산을 오르는 길, 한 무리의 양 떼를 만났다. 예닐곱 마리는 돼 보이는 양들이 계곡을 건너는 중이었다. 내 움직임에 놀랄까 싶어 그 자리에 선 채 양들이 지나가기를 기다렸다. 가까이에서 본 양들의 털은 듬성듬성 뭉쳐지고, 때가 타서 결코 부드럽고 포근할 것 같지가 않다. 양들은 경계심을 풀지 않고 지나는 등산객을 피해 다니지만 그렇다고 적대적이지는 않다. 계곡에 흐르는 물을 먹기 위해 산을 내려온 모양인지, 한두 마리가 주변을 경계하는 동안 나머지 양들이 물을 마신다. 물 마시는 양들의 뒷덜미에 그려져 있는 푸른색 스프레이 잉크의 동그라미를 보니 산에서 자유롭게 자라는 양들에게도 주인이 있는 모양이다.

레이크 디스트릭트의 산에서 자라는 양은 대부분 허드윅 품종으로, 허드윅 시프Herdwick Sheep라고 부른다. 이곳에 허드윅 양이 많은 이유는 이 품종이 추위를 잘 이겨내고, 습한 산악 기후를 잘 견디기 때문이다. 문헌에 의하면 12세기경부터 이 산에서 허드윅 양들을 키웠다는 기록이 남아 있다. 그때부터 지금까지 이곳에 터 잡고 살았으니 양들도 분명 레이크 디스트릭트의 주인이랄 수 있다.

양을 키우는 일은 레이크 디스트릭트 사람들의 가장 큰 수입원이다. 때문에 허드윅 양을 키우는 축산협회는 어떤 단체보다 그 영향력이 크다. 동화작가인 베아트릭스 포터는 레이크 디스트릭트에서 허드윅 양들을 키웠던 영국 최초의 여성 축산인이었고, 훗날에는 축산협회의 회장까지 역임했다.

도시의 아이들이 게임 매뉴얼을 익히는 동안 이곳의 아이들은 양의 품종을 구별하는 방법부터 자연스럽게 배워간다. 또한 이곳은 동화책에 나오는 가축의 그림만 보고도 그 품종을 줄줄 외우는 아이들이 사는 곳이다. 게임 속에서 세상을 알아가는 아이들이 다 나쁜 길로 가지는 않겠지만 사이버 세상 속에서 느끼는 행복과 맑은 햇살, 바람 속에서 양들을 친구 삼아 자라는 아이들이 느끼는 행복은 분명 많이 다를 것이다.

제 3 장

딸 그리고 엄마

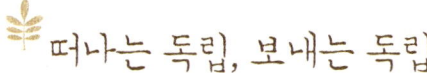
떠나는 독립, 보내는 독립

"엄마, 나 대학생 되면 독립시켜줄 거야?"

달리는 차 안, 옆자리 조수석에 앉은 작은딸이 묻는다.

"넌 독립이 뭐라고 생각하는데?"

"엄마가 내 인생에 관여 안 하고, 잔소리 안 하고, 내 생각대로 사는 거."

"근데 그걸 엄마가 왜 시켜줘? 독립은 시켜주는 게 아니고 스스로 하는 거지."

"어? 그런가?"

"점령 국가가 알아서 식민지를 내줄 리가 없지. 게다가 돈까지 대주면서."

"그럼, 엄마가 나한테 돈 대주고 있는 동안은 독립이 안 된다는 소리네?"

"잘 아네!"

"아, 진짜. 꼭 그래야 돼? 엄마, 좀 착하게 살면 안 돼?"

2주간의 휴가에 동행이 있었다. 엄마가 한국으로 날아가버린 뒤 혼자서 두 달 넘게 자취 생활을 했던 만 열일곱 살의 작은아이다. 태어나는 순간부터 쌍둥이처럼 붙어 다니던 언니마저 6개월 전, 대학 진학을 위해 한국으로 떠난 뒤 작은아이는 외로움이 많이 깊어졌다. 그 와중에 엄마마저 떠나갔던 시간이었다. 한국에서 돌아온 바로 다음 날 촉박하게 레이크 디스트릭트 휴가 계획을 잡은 것도 실은 작은아이의 부활절 방학을 이용하기 위해서였다. 하지만 방학이 끝나면 한 달간의 기나긴 대학입학시험을 쳐야 하는 작은아이는 나와 별도로 공부와 산책으로 레이크 디스트릭트에서의 시간을 보내기로 했다.

출발하기 전날, 휴가지에서의 생활 계획을 묻는 내게 작은아이가 그랬다.

"그냥 우리 따로 살자고요. 서로 뭘 하든 간섭하지 말고."

그래서 밥도 녀석이 반, 내가 반을 하기로 했고, 잠자는 시간, 일어나는 시간도 서로 간섭하지 말고, 뭘 하며 지내든 서로에게 부담 주지 말자고 협약을 맺었다.

생각해보면 신기한 노릇이다. 어느 순간인가부터 두 딸은 내가 보호하고 키워야 하는 자식이 아니라 때론 동료처럼, 친구처럼, 그리고 가장 신랄한 비판자로 내 옆에 서 있곤 했다. 그 모습을 지켜보며 늦추고 싶지만, 이제는 아이들이 '독립'을 하게 되리라는 것을 알아가고 있는 중이다. 큰아이를 한국으로 보낸 뒤 내가 연락하지 않으면 연락조차 없는 작은아이에게서 걱정보다는 서운함이 앞섰던 데는 그 영향도 컸다. 자식의 독립은 늘 부모에겐 너무 빠르고, 자식에겐 느린 일이라더니 그 말이 맞다. 아직은 어리다고 생각하지만 이제 슬슬 독립을 꿈꾸는 작은아이와의 이번 '동행의 시간' 중에는 룸메이트로서 작은아이를 조금은 떨어져 지켜보려고 한다.

한동안 말이 없어 삐친 줄 알았는데 작은아이가 운전 중인 내 손을 슬며시 잡고 나를 보며 웃는다. 녀석의 웃는 얼굴에 자존심도 없이 기분이 좋아진다. '에이, 이러면 안 되는데!'

내가 한 건 대화가 아니었나?

딸은 비 오는 날에는 하루 종일 집 안에서 미술 숙제를 하겠다고 했다. 아침부터 일어나 도화지를 색칠해서 오리고, 종이접기 하듯 끼워서 뭘 만든다. 뭔가에 집중하면 자기도 모르게 혓바닥을 아기 공룡 둘리처럼 빼내 윗니와 아랫니로 물고 있는 게 작은아이의 특징이다. 말도 없이 한 시간이 넘도록 그러고 있는 작은아이에게 지나가듯 재미있냐고 물어보니 "난 세상에서 미술을 하고 있을 때가 제일 행복해"라고 한다. 좋아하는 줄은 알았지만 그게 세상에서 '제일 행복하다'는 표현까지 쓸 정도인가, 라는 생각이 든다.

"난 네가 그렇게 미술을 좋아하는 줄 몰랐는데?"

"엄마가 나랑 대화를 잘 안 하니까 모르는 거지."

"엄마가 너랑 대화를 잘 안 한다고? 엄마처럼 딸들한테 말 많이 하는 사람이 어디 있다고?"

"그니까. 엄마는 엄마 말만 하지, 나랑 대화를 하는 건 아니잖아."

뭐지? 머릿속이 복잡해진다. 그간 내가 아이들에게 수도 없이 떠들었던 말들은 대화가 아니었나? 일하는 엄마로 살아왔던 나는 양육에 늘 전전긍긍했다. 아이들이 초등학교를 입학하면서 내 휴대폰의 알람은 10년 넘게 오후 3시에 울려댔다. 방과 후 엄마도 없이 집에서 지내야 하는 아이들의 걱정은 그 알람으로 시작됐다. 일을 하면서도 신경의 안테나가 삐죽 솟아나 아이들이 있는 집을 향해 쏘아댔고, 화장실에서 몰래 거는 전화는 그날의 해야 할 일, 조심할 일, 지켜야 할 일들을 쭈욱 늘어놓고 끊기 급급했다. 생각해보면 작은아이 말이 맞을지도 모른다. 그것이 분명 대화는 아니었을 것이다.

"그럼 대화는 어떤 건데?"

"엄마가 친구 만나면 하는 거. 엄마는 우리한테 하는 모든 얘기에 교훈을 담으려고 하잖아. 대화는 그냥 얘길 하는 거야."

그랬구나. 최선을 다했다고 생각하는데도 늘 미안함을 달고 살아야 하는 일하는 엄마의 맘을 아이들도 여자이니 이다음에 알아줄 것이라 믿는다. 그렇지만 내 속 쓰린 것만 보느라 아이들도 나만큼이나 힘들게 컸다는 걸 잊을 때가 많다.

"그래도 엄만 훌륭한 엄마야. 언니랑 나한테는."

"됐어, 인마. 하던 일이나 해."

풀 죽은 내가 맘에 걸렸는지 녀석이 끌어안고 애교를 떤다. 니 맘도 알고 내 맘도 다 알겠는데 그래도 어쩔 수 없이 참 아프다.

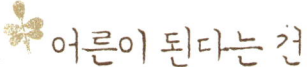
어른이 된다는 건

윈드미어Windermere 호수의 중간 허리다. 장을 보고 돌아가는 길, 호수로 지는 노을이 너무 아름다워 잠시 차를 세우고 공원을 걷기로 했다. 길어진 해는 오후 6시가 넘어서야 기울기 시작한다. 무거운 짐을 들어주겠다고 동행한 작은아이도 함께 걷는다. 처음 약속처럼 우린 각자의 생활에 충실하고 서로의 생활에 간섭하지 않는다. 함께 살아도 각자의 삶이 있어서 24시간을 함께하기란 힘든데 2주간 어쩔 수 없이 녀석의 삶을 그대로 들여다보게 되었다. 이미 물리적으로는 녀석이 내 키를 넘긴 지 오래전이지만 정신적으로도 이렇게 다 컸었나, 흐뭇하지만 이상하고, 대견하지만 왠지 또 아쉽다.

"엄마, 요새 내 또래들의 최대 관심사가 뭔지 알아요?"

"글쎄?"

"남자친구, 여자친구. 누가 누구를 좋아하고, 사귈 것 같다.

안 사귈 것 같다. 뭐 이런 거. 근데 이거 되게 피곤해. 이런 건 호르몬 때문인가? 언제쯤 안 하게 되나?"

"그거 짝을 만날 때까지는 계속되지. 못 만나면 만날 때까지 그러고 살걸?"

"오 마이 갓!"

"근데 짝을 만나도, 중간에 또 그런 짓을 하기도 하지. 그러다 머리 나쁘면 진짜로 바람피워서 처절한 보복도 당하고."

"머리 나쁜 사람들이 바람피우는 건가? 머리 좋아서가 아니고?"

"내가 지금껏 살면서 바람피운 뒤에 일이 잘 풀려서 잘 사는 사람들 거의 본 적 없다. 기웃거려 봤자 힘만 빠지고 인생 더 망가져. 어차피 다 똑같거든."

"그런 거야? 인생이?"

"그런 거지 뭐. 왜, 싱겁냐?"

"응. 뭔가 되게 재미없다."

"너, 어른이 된다는 게 뭔 줄 알아?"

"글쎄?"

"인생이 별거 아니라는 걸 알게 되는 거. 근데 그 별것도 아닌 인생이 죽도록 힘들다는 걸 알게 되는 거."

"쳇, 어른 안 되는 게 낫겠다."

그러게. 나도 어른이 되지 말걸 그랬다, 그런 후회 종종 한다.

대문은 그 집주인의 마음을 닮아
때론 어서 오라고 손짓도 하지만
때론 다가서지 말라고 손사래를 치기도 한다

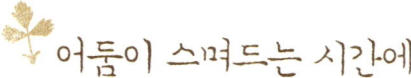# 어둠이 스며드는 시간에

　레이크 디스트릭트와 동서 대각선에 있는 노섬벌랜드 Northumberland 주를 다녀오는 길이다. 왕복 여섯 시간이 꼬박 걸린 긴 여정이었다. 아침에 서둘러 출발해 돌아올 때는 해가 지기 전에 서둘러 산을 넘어 집으로 돌아오자고 했다. 그런데 결국 오는 길, 산 중턱을 넘으니 해가 떨어지는 중이다. 아직 해가 지평선 즈음에 걸려 구름과 하늘이 온통 붉다. 그러나 이내 모든 것들이 실루엣으로 그 색깔을 잃어버리고 검은 덩어리가 될 것이다. 그 어둠이 두렵기도 하지만 참 신비롭다.

　언젠가 영국의 집에서 왕복 여섯 시간이나 걸리는 정원을 아무 생각 없이 찾아나선 적이 있었다. 느지막이 출발했던 길이 돌아오는 길에 어둠으로 이어졌다. 혼자 나선 길이라 집에서 기다리고 있을 아이들에게 엄마 걱정은 하지 말고 알아서 저녁부터 해결하라는 전화를 건 뒤 긴장하며 운전대를 더욱 꽉

쥐었다. 해 질 녘 운전을 하는 게 처음은 분명 아니었지만 혼자서 오롯이 어둠이 다가오는 걸 지켜본 건 그때가 처음이었다. 어둠은 해가 진 뒤에도 생각보다 천천히 찾아오고 있었고, 마치 묽은 먹물로 붓질을 반복하며 그리는 수묵화처럼 시간의 붓질에 조금씩 사위가 검어졌다. 그때 어둠이 검은색이 아니라 청회색이라는 걸 또렷이 알았다. 차의 속도보다 어둠이 느리다고 생각한 건 잠시였고 조금씩 진해지던 어둠이 어느 순간 뚝— 떨어져 검게 앞을 막았다. 어둠이 올까 봐 조급했던 맘은 오히려 아무것도 보이지 않으니 차분히 가라앉는다.

어둠이 내려오는 건 도시보다 산이 더 빨랐다. 뚝뚝 떨어지는 어둠이지만 그래도 오늘은 옆자리에 딸이 있어 덜 외롭고 의지가 된다.

"엄마 운전 괜찮겠어?"

"응. 괜찮아. 어둠이란 게 무섭기도 하지만 좀 편안해지는 것도 있지 않니?"

"그런가? 난 아직도 밤이 좀 무서운데……."

"엄마도 너 나이 땐 겁 무지 많았어. 벽에 걸어놓은 옷이 꼭 귀신 같아서 너무 무서웠거든."

"어? 진짜. 난 나만 그런 줄 알았는데……."

"밤에 자다 무서울 땐 무서워하는 것보다 그냥 확인해버리는 게 나아. 확 불 켜고 뭔지 확인하면 덜 무서워지니까."

"근데 엄마, 불을 켜면 괜찮은데 어두우면 왜 무서워질까?"

"글쎄. 동물학적으로 보면 적이 날 공격하는지 안 하는지 우리 눈으로 확인할 수 없으니까 그런 거 아닌가?"

"근데 나이 먹으면 왜 안 무서워져?"

"안 무서워지는 게 아니고 경험이 생기는 거지. 알고 있으

니까 덜 무서워지는 거고."

"그럼 나도 엄마처럼 나이 먹으면 덜 무서워지려나?"

"그렇겠지, 아마."

어둠보다 더 무서운 것들이 벌건 대낮에도 펑펑 터지는 세상이니 어둠만 무섭다고 할 일도 아니지 않을까? 전조등의 불을 켜니 검은 어둠 속에 내 앞길이 환하게 밝아진다. 이제 어둠은 점점 짙어져 검은 산마저도 그 형체가 사라져간다. 너른 주변 풍광을 정신없이 보던 내 눈이 전조등 불빛이 비추는 채 2미터도 안 되는 시계視界로 좁혀진다. 밤은 분명 두려움이지만 아무것도 보지 않을 수 있는 '쉼'이 있어 평온함도 함께 찾아오는 듯하다.

동서를 가르는 네 시간이 넘는 긴 여정에 동행했던 작은아이가 조수석에 앉아 열심히 이런저런 이야기를 해댄다. 내가 졸지 않도록 하는 배려지만 이토록 오랜 시간 딸과 단둘이 서로의 이야기를 나눴던 때가 또 있었던가 싶다. 어둠이 주는 고마움을 또 하나 알아간다. 작은아이와 나, 우리 둘의 대화가 밤이라서 그런지 훨씬 더 부드럽고 차분해져 녀석의 말이 아주 잘 들린다.

모든 집은 한 권의 책이 된다

산속에서 날이 저물었다. 작은아이가 산속에 불 켜진 집 한 채를 보며 그런다.

"엄마는 밤에 불 켜진 집을 보면 무슨 생각이 들어?"

"뭐, 저 집에 누가 살고 있겠구나, 그런 생각?"

"난 집들이 꼭 책 같아."

"책? 왜?"

"그 안에 얘기들이 있는데 읽어보기 전까지는 모르잖아. 집들도 꼭 그런 것 같아. 저 안에 정말 많은 캐릭터와 이야기가 있잖아. 그런데 읽어보기 전엔 모르는 거지."

녀석은 이제 막 열일곱 살을 지나 열여덟 살로 접어들고 있다. 연년생으로 두 딸을 낳고 정말 하루가 이렇게 길고 힘들 수도 있나, 했던 기억이 어른들 말씀처럼 엊그제 같다. 그런데 애들이 벌써 이렇게 자라버렸다. '집들이 책 같다'는 작은아이의 말이 참 그럴듯하다.

    날이 저문 레이크 디스트릭트는 더 한적하다. 차로 5분, 10분을 가야 뜨문뜨문 불 켜진 집들이 보인다. 그 불빛이 등대 같다. 저 등대 불빛 안에는 어떤 이야기가, 어떤 등장인물이 살고 있을까. 어떤 집 이야기든 한 권의 소설은 족히 나오리라 싶다. 내 가족의 삶이 그러하듯이.

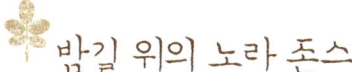
밤길 위의 노라 존스

    7년 전 속초에 다녀오던 길, 새로 뚫린 영동고속도로를 탔어야 했는데 어둠 속에서 길을 놓쳐 대관령을 넘는 구 영동고속도로로 올라서버렸다. 차를 돌릴 수도 없어, 가파른 길을 그냥 올라가는 수밖에 없었다. 만취한 채 잠이 든 남편은 아무리 깨워도 일어나지질 않고 뒷자리의 두 딸도 이미 잠이 들어 있었다. 내가 켜놓은 전조등이 칠흑 같은 대관령의 밤을 밝혀주는 유일한 불빛이었다. 무서움을 달래려고 음악을 틀었는데 그게 재즈 싱어 노라 존스의 노래였다. 그때 흘러나오던 노라 존스의 음악은 시커먼 산 어둠에 잔뜩 겁먹은 내 맘을 차분하게 내려 앉히며 괜찮다고 위로해주고 있었다.

    "노라 존스 한번 틀어볼래?"

    조수석의 작은아이가 음반을 찾아 플레이어에 넣는다.

    "엄마 그때 생각나? 어디였는지 기억은 안 나는데 한밤중에 산 속을 지나가면서 엄마가 노라 존스 틀었었는데."

"어? 대관령? 너 그거 기억하고 있었네?"

"응. 엄마가 아빠한테 막 화내다가 아빠가 안 일어나니까 이 음악 틀었잖아."

"진짜? 그럼 깨 있으면서 왜 엄마한테 말도 안 했어?"

"엄마가 화난 것 같아서. 그때 언니랑 나랑 안 자고 있었어."

그랬구나, 그 대관령의 밤길에 나 혼자만 깨어 있었던 게 아니었구나. 함께 공유하는 추억이 많다는 건 우리를 이어줄 끈 하나가 더 생기는 듯하다. 먼 훗날 시간이 흐른 뒤에 녀석이나 나에겐 노라 존스에 대한 추억 한 겹이 더 쌓일 것이다. 레이크 디스트릭트의 달과 함께 달렸던 그 노라 존스가 그때보다 조금은 더 행복한 기억으로 보태졌으면 좋겠다.

어른도 답이 없다

에이라 포스Aira Force 폭포 위의 등산길이다. 배낭에 넣어 온 판초를 깔고 앉은 뒤, 싸온 점심 도시락을 꺼냈다. 집에서 들고 온 밥통에 밥을 지었고, 그 밥에 통조림 참치를 넣은 뒤 김으로 둘둘 말아 초간편 김밥을 쌌다. 한국에서라면 거들떠도 안 볼 어설픈 김밥이어도 김밥 맛이 나니 더없이 행복하다. 밥 먹는 사이, 고등학생으로 보이는 한 무리의 청소년들이 우리 곁을 시끄럽게 떠들며 지나간다. 동양인인 우리가 이상한 걸 먹고 있는 게 신기한 모양이다. 그 무리를 바라보다 작은아이가 묻는다.

"엄마는 학교 다닐 때 친구들 많았어요?"

"아니. 별로 없었던 것 같은데. 친구 사귀는 게 좀 힘들었어. 나중엔 조금씩 좋아졌지만."

"그렇구나. 그럼 내가 엄마를 닮은 건가?"

뜻밖의 말이다. 큰아이와 달리 유난히 친구가 많았던 작은 아이였다. 그래서 이 녀석한테 친구 문제가 있을 것이라곤 생각도 못했다.

"왜? 친구랑 싸웠어?"

"유치하게 엄마는 내가 몇 살인데 싸우긴. 그게 아니고 친구들이랑 있을 때 내가 자꾸 가면을 쓰는 것 같아서 그게 싫어."

"가면? 뭘 감추고 싶은 건데?"

"왜 그런 거. 정말로 좋아서 아니라 좋은 척해야 할 것 같아서 그러고 있는 게 좀 힘들어. 내가 학교에 적합하지 않은 애가 아닌가 그런 생각도 들고."

"그럴 수도 있지. 학교가 딱 맞아서 다니는 사람 별로 없지 않나?"

"그럼 왜 꼭 학교라는 걸 다녀야 하나, 힘들게."

"안 다닐 수도 있지. 근데 다니는 것보다 안 다니는 게 더 힘들지 않나? 자기 혼자 다 해결해야 되잖아."

"그런가?"

"학교는 좋든 싫든 지금까지 검증이 된 교육제도니까 그냥 따라하면 크게 잘못될 게 없잖아. 대신 남이 안 하는 걸 하려면 더 많이 모험을 해야 하고, 실패 확률도 높고 그렇지 않아?"

"그니까. 학교를 안 다니고 싶어도 대안이 없다니까."

김밥을 우물거리는 작은아이의 옆얼굴을 조용히 바라보았다. 맘 같아선 딸에게 학교를 졸업해 사회로 나가면 더 나아질 것이라고, 어른이 되면 지금보다 삶이 좀 더 쉬워질 것이라는 말을 해주고 싶은데 거짓말이 안 나온다. 청소년기에는 학교생활이 그렇게 힘들더니, 사회에 나가니 사회생활이 또 그렇게 어렵고 빡빡했다. 마흔의 중반 고개를 넘는 지금도 나는 내가 이 사회에 제대로 적응하고 살고 있다는 생각이 안 든다. 답이 없다.

가파른 산을 오른 뒤 마주하는
레이크 디스트릭트의 풍광과 짧은 휴식 시간.
딸아이와의 '함께 있음'이 새삼 고마운 순간이었다

# 미안하다, 고맙다

차를 멈춘 곳은 울창한 숲 속이었다. 전화기를 타고 침울한 남편의 목소리가 들려온다. 새로 이사 간 집이 봄비에 잠겼다고 한다. 손으로 잡아 쥐어짜면 초록 물이 뚝뚝 떨어질 것 같은 이 초록의 아름다운 풍경 속에 전화기에서 건너온, 분당의 반지하 연립 주택이 물에 잠겼다는 소식이 현실감 없이 들린다. 현실이 꿈인 듯 앞뒤가 안 맞고 어지럽다. 위로도 안 되는 '어떻게 하면 좋지?'만 두어 번 반복하다 전화를 끊는다. 그리고 한동안 차 시동도 걸지 못하고 그대로다. 깊이도 알 수 없는 맘 바닥 어디쯤에서 '미안하다'는 말이 올라온다. 6년간 나와 아이들 유학비를 대느라 남편은 해마다 이사를 다녔다. 다닐 때마다 집은 점점 작아지고 낮아졌다. 그래도 불평 한마디 없었던 남편이었다. 이래저래 참 미안한 휴가가 돼버렸다.

집에 돌아와 인터넷으로 한국에 있는 큰아이에게 전화를 걸었다. 자의 반, 타의 반으로 한국에서의 대학생활을 결정한 큰아이에게도 왠지 많이 미안했다.
"학교생활은 괜찮니? 적응은 잘되고 있어?"
"응. 괜찮아. 엄마는 좋아요?"
"좋아. 근데 너랑 아빠한테 많이 미안하다. 같이 못 와서."
"미안하긴! 엄마가 늘 그러잖아. 미안해하지 말고 고마워하라고. 이왕 간 건데 즐겁게 지내고 와야죠."
애들 키우며 수년간 내가 아이들에게 말했던 교훈을 아이들로부터 종종 되돌려 받곤 한다. 큰아이와 인터넷 전화를 마치고 거실로 나오니, 눈치 빠른 작은아이가 벌써 심란한 내 기분을 알아차리고 저녁은 자기 손으로 스파게티 볼로네제로 해보겠다고 나선다. 가족은 사랑이 쌓이는 것이 아니라 미안함과 고마움이 쌓여 서로에게 등을 빌려줄 수 있는 산이 되는 듯하다. 어린 줄만 알았던 아이들이 커서 산이 되어주니 미안하고 참 고맙다.

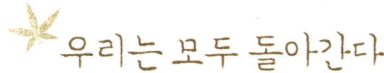
우리는 모두 돌아간다

지금은 한국에서 대학을 다니고 있는 큰아이가 작년 한 해 영국에서 대학 입시를 준비하며 어느 날 내게 물었다.

"한국은 아무리 오래 영국에 있다가 돌아가도 원래 있던 자리로 온 것 같은데, 영국은 친구도 다 여기 있고 한국보다 더 편한데 가끔 낯설어. 엄마도 그래요?"

한국으로 돌아가는 것에 두려움만 가득할 줄 알았던 큰아이의 말이 놀랍기도 했지만 한편으로는 고개가 끄덕여졌다. 그때 나는 "그래, 우리 모두는 결국 우리가 왔던 자리로 돌아가는 중이야"라는 말을 했었던 듯싶다.

초등학교를 졸업하고 영국으로 이주했던 아이들은 무서울 정도로 빠르게 적응해갔다. 6개월 만에 집 안에서 쓰는 대화조차도 내가 없을 때는 영어로 할 정도로 아이들은 언어를 습득했고, 한국에서의 모든 일은 까맣게 잊어가 한동안 정체성의

혼란을 겪기도 했다.

　작은아이가 유럽 벨기에로 첫 수학여행을 다녀왔을 때 집에 들어서는 얼굴 표정이 좋지 않았다. 말하지 않으려는 애를 잡고 이유를 물으니 공항으로 들어올 때 내내 함께 있던 영국 친구들은 내국인 입국 심사로 빠르게 수속을 해서 나간 사이, 녀석만 홀로 외국인 입국 심사 줄에 서서 왜 여기에서 사느냐 등의 질문을 받았던 모양이다. 그때 작은아이가 울먹이며 "나도 영국인이었으면 좋겠어"라고 말했다가 나한테 혼쭐이 났었다. 이렇게 영국에서 지내왔던 아이들이었는데 어느 순간 참 많이 달라져 한국을 그리워하고 자신들에게 왜 이 나라에 왔느냐고 묻지 않는 조국이 있다는 걸 너무나 감사해하게 됐다.

　작은 아이가 10학년(우리나라로 치면 중학교 2학년)이었을 때 지리 시간에 동아시아를 배웠던 모양이다. 그런데 선생님이 동아시아 국가 중에 어떤 나라가 있느냐는 질문에 반 아이들 전체가 "코리아!"라고 외쳤다. 선생님이 너무 놀라 코리아를 어떻게 아느냐고 물으니 아이들이 작은아이를 가리키며 "코리아 모르면 형빈이가 우릴 죽일 거예요"라고 대답해서 웃었다는 이야기를 학부형 면담 때 선생님에게 들었다. 한국에서 살았다면 어쩌면 느끼지 못했을 '내가 가진 것에 대한 소중함'을 이제는 나나 아이들 모두 너무 잘 알게 되었다.

"한국에도 이런 마을이 생기면 좋겠다. 그치 엄마?"

"응. 우리나라도 정말 예쁜 곳이 많은데. 이렇게 잘 보존했으면 정말 좋겠다."

레이크 디스트릭트에서도 우리는 어쩔 수 없이 한국을 그리워하며 다닌다.

꽃 진 자리에 들어선 햇살에 마음을 내놓은 오후.
나의 긴 외출에 행복한 마침표를 찍게 해준 레이크 디스트릭트에서의
아름다운 휴가가 절정을 맞고 있었다

부치지 못한 엽서

큰딸에게 미안한 맘이 2주 내내 휴가와 나란히 흘러간다. 작년 한 해 녀석과 나는 가장 큰 혼란과 고민의 시간을 보냈다. 중·고등학교를 영국에서 다닌 큰딸은 당연히 영국 대학에 입학하기를 원했다. 그런데 난 그때 생각이 좀 많아지고 있었다. 딸에게도 자신의 삶이 있으니 영국이든 한국이든 그 결정도 아이가 할 일이었지만 내가 욕심을 부렸다. 의과대학 진학을 원하는 딸이 영국에서 학업을 계속할 경우, 6년의 공부와 병원생활을 마친 뒤 결국 아이는 영국의 의사가 될 게 뻔했다. 1년간 큰아이와 나 사이에는 수많은 대화가 이어졌고, 결국 큰딸은 '엄마의 뜻에 따라서'가 아니라 '엄마의 생각에 동의해서'라는 깔끔한 정의를 하면서 한국 대학 진학을 결심했다.

"학교생활은 괜찮아?"

아침 일찍부터 비가 내려 오늘은 집에 있어야겠다는 결심을 했는데 인터넷 전화로 큰딸에게 전화를 거는 사이 너무도 밝은 햇살이 먹구름을 뚫고 나오고 있었다.

"응. 생각보다 괜찮아."

"학교생활 적응은 잘되는 것 같아?"

"그럭저럭. 근데 설명하긴 좀 힘든데 애들하고 나하고 뭔가 안 맞는 게 있긴 한 것 같아."

"아무래도 그렇겠지. 영국 애들이랑 한국 애들이 정서가 많이 다를 테니까."

"뭐랄까? 뭔가 여기 친구들은 같은 틀을 짜놓고 거기에 다 맞춰 넣고 있다는 느낌이 들어. 영국 애들은 이런 애도 있고, 저런 애도 있고, 다 똑같은 틀을 갖고 있지는 않거든."

"그래, 네가 무슨 말 하는지 알 것 같다."

말이 없는 큰딸은 열 번을 물어야 한 번 대답해주는 성격이라 늘 조심스럽다. 연년생에 얼굴도 비슷하게 생겼지만 성격은 너무 달라 큰딸이 하는 말은 그 강도를 열 배쯤으로 확대시키고, 작은아이의 말은 반으로 축소시켜 듣는 버릇이 있다. 그래서 가끔은 큰딸의 사소한 말을 너무 많이 생각해 오히려 쓸데없는 불안을 덧붙이기도 한다. 내 말투 속에 묻어난 맘을 다 읽었는지 큰딸이 서둘러 통화를 마무리한다.

"엄마, 걱정하지 마. 나 잘 지내고 있으니까 아무것도!"

그날 오후 먹을거리를 사러 마을에 나간 김에 작은아이는 한국에 있는 언니에게 보내겠다고 엽서를 샀다. 여행을 가면 그곳 풍경이 담긴 엽서를 아는 사람에게 보내는 게 말수 별로 없는 큰딸과의 대화법이기도 했다. 그걸 지금은 작은아이가 곧잘 따라한다. 작은아이는 언니가 한국으로 떠난 뒤 '언니 보고 싶다'는 말을 여러 번 했다. 그리고 언젠가는 진심이 가득한 눈

으로 내게 그랬었다.

"엄마, 그 전에도 그랬지만 앞으로도 언니보다 더 친한 친구를 만날 수는 없을 것 같아."

자기 속을 드러내는 법이 없는 큰딸 입에서 같은 소리를 들을 일은 없겠지만 그 맘은 서로 똑같을 것이라는 걸 안다. 먼 훗날 우리 부부가 떠난 뒤에도 둘이서 위로가 되는 그런 자매가 되어주길 바라며 속이 너무 들킬까 싶어 쓰지 못한 엽서를 한동안 바라보았다.

딸의 친구가 찾아오다

 딸 친구 중에 레이크 디스트릭트를 너무 좋아하는 녀석이 있다고 한다. 우리가 이곳에서 2주일 동안 머물 거라는 소문을 듣고 몹시 부러웠던 모양이다. 친구를 이틀 밤만 함께 지낼 수 있게 초대할 수 없겠냐고 딸이 졸랐다. 내 승낙에 너무 고맙다며 덥석 찾아온 딸의 친구, 데이비드를 윈드미어 선착장에서 만났다. 머리 위까지 올라오는 등짐부터가 범상치가 않았는데 가져온 너덜너덜한 레이크 디스트릭트 지도가 대여섯 개는 된다. 레이크 디스트릭트만 해도 이번이 일곱 번째라고 한다. 데이비드는 시와 소설을 좋아해 영문학을 전공하고 싶어하는 녀석이었다. 딸만 둘을 키우니 아들 녀석들은 어떨까 궁금하기도 했는데 무뚝뚝할 줄 알았던 남자 녀석의 말이 끊이지 않는다.

 저녁을 먹고 딸과 친구는 담요 한 장을 들고 정원으로 나간다. 데이비드 녀석이 천문학에도 관심이 많아 별자리 이야기를 작은아이에게 열심히 들려준다. 고등학교 시절 나 역시도 친구와 이야기를 나누다 밤을 새운 기억이 많다. 그때는 그 많은 이야기들이 어떻게 그렇게 생겨나서 밤을 새울 만큼 끊이질 않았는지 모르겠다. 두 녀석들은 해도 그만이고, 안 해도 그만인 이야기들을 끝도 없이 나누고 있다. 이게 작은딸이 나에게 하자고 했던 '대화'일 것이다.

거실 창문을 열고 담요에 앉아서 별을 보고 있는 아이들을 바라본다. 참 예쁜 아이들이 참 예쁜 이야기를 나누는 밤이다.

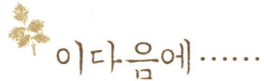이 다음에……

금요일 밤, 아직도 달은 보름달에서 크게 일그러지지 않고 있다. 달을 보겠다고 담요를 들고 나간 녀석이 한 시간이 지나 밤이슬에 촉촉이 젖어 들어왔다.

"엄마, 그런 기분 알아? 가슴이 막 뛰고 설레는 거……."

"뭐 때문에 설레고 뛰는데?"

"밖에 누워서 달이랑 별이랑 보고 있는데 내가 너무 행복한 애 같아서 가슴이 막 뛰고 그랬어."

"그래? 다행이네."

"나중에 엄마 나랑 다시 여기 올래? 다시 이 집으로……."

"글쎄……. 그땐 네 딸하고 같이 와. 엄마처럼……."

"난 결혼 안 해. 해도 애는 안 낳을 거야. 게다가 나 같은 딸 나오면 너무 골치 아프지."

알 건 다 아는 녀석이 말썽은 왜 부리는지. 작은아이의 프

러포즈가 이번 여행이 충분히 값을 했다고 행복한 마침표를 찍게 해준다. '그거면 됐다!' 하고 말이다.

사춘기를 보내며 지독하게 맞섰던 나와 작은아이의 '화해 시간'이 있어서 기쁘다. 레이크 디스트릭트에서의 일주일이 어느덧 흘러 '나와 나누는 것이 대화가 아니다'라고 말했던 녀석과 대화다운 대화를 나눌 수 있게 됐다. 언제가 될지는 모르겠지만 딸도 자신의 딸과 이곳에 다시 찾아오길 바란다. 딸이 엄마가 해준 말은 대화가 아니었다고 말할 때, 엄마는 자기 맘을 모른다고 원망할 때, 왜 그렇게 구식이냐고 외쳐댈 때 지금의 나처럼 이곳으로 찾아와 나와 함께했던 일을 다시 해봐도 좋을 것 같다.

이곳에서의 나의 하루
딸 형빈의 이야기

아침 6시. 이제는 시계를 보지 않아도 자연스럽게 시간을 알 것 같다. 아빠가 몇 번이나 지적을 해도 못 고쳤던 늦잠 자는 습관이 여기서 고쳐질 줄이야. 끄응— 신음 소리가 자연스럽게 난다. 동서남북 둘러싼 이 넓고 넓은 숲을 놔두고 우리 집 마당에 있는 나무를 집으로 정해버린 새들 때문이다. 일찍 일어나는 새가 벌레를 더 잡는다는데 이 새들은 매일 만찬을 할 예정인가 보다. 종류도 보통 대여섯이 넘는다. 길고 낮게 우는 애들, 빠르게 짹짹이는 참새, 심지어 휘파람을 부르는 듯한 신기한 소리도 있다. 움직이지 않고 눈도 뜨지 않은 상태로 이렇게 몇 분 동안 새소리만 듣다보면 더 이상 잠을 잘 수 없다는 사실을 인정하게 된다. 그 조그만 몸에서 이렇게 큰 소리가 나올 수 있는지……

침대에 엄마가 없다. 분명 전날 늦게까지 글 쓰는 것처럼 보였는데 엄마도 새소리에 깬 모양이다. 여기서 우리는 초강력 알람시계를 발견한 것이 틀림없다. 거실에 가보니 노트북 앞에 앉아 있는 엄마가 나를 보며 불안하게 웃으신다.

"우리 딸, 일어났네? 그럼 모닝커피 좀 타와 봐~."

그럼 그렇지. 물을 끓이면서 마당의 나무를 숲 속으로 옮겨 심겠다고 투덜대본다. 엄마는 그래도 새소리에 잠이 깨는 것이 아침 기분을 좋게 한다고 한다. 하긴. 생각해보면 휴대전화 벨소리보다는 부지런한 새들이 하루의 시작을 더 격려해주는 것 같기도 하다.

아침식사를 모닝커피와 꿀 바른 토스트로 먹은 후 바로 나갈 준비를 한다. 레이크 디스트릭트에서 빼놓지 않고 매일 실천한 계획은 바로 산책이다. 날씨가 심상치 않아 보여 우비와 장화로 무장을 한 뒤 향한 오늘의 목적지는 에스웨이트 워터 Esthwaite

Water. 이 작은 호수는 나의 보물이다. 처음 도착한 날, 집 뒤 언덕을 오르자마자 호수 하나가 보였는데, 이렇게 가까이 있다는 게 신나서 소리 지르며 막 뛰어 내려가다 앉아 있는 양을 발견하지 못해 밟을 뻔했다. 그 후로부터 매일 와도 이 호수가 너무 좋다.

그림을 그릴 때나 옷을 입을 때 항상 고려해야 하는 가장 중요한 포인트는 하모니, 즉 조화라는 것을 종종 느꼈다. 화려하거나 웅장한 것들을 좋다고 다 모아서 섞어버리면 어느 하나도 살지 못하고 그냥 어수선한 작품이 되어버린다. 소리도 이것과 똑같은 원칙을 가지고 있다는 것을 이 호수에서 깨달았다. 여기에서는 소리가 도시와 반대로 다 조금씩 양보하여 완벽한 조화, 하나의 심포니를 만들고 있다. 베토벤의 제6번〈전원〉교향곡을 연상하게 할 정도다. 호숫가에 누워서 귀를 기울이면 각각 소리가 솔로 파트로 들려온다. 잔소리하는 엄마 양들은 낮은 관악기. 호숫물이 작은 파도를 만들며 바위에 깨지면 팀파니 같고, 봄바람이 갈대 사이로 불면 현악기의 소리가 들린다. 이 뚜렷한 소리들을 그전에 못 들었던 것은 아마 내가 귀를 꽉 막고 있었기 때문일지도 모르겠다.

    비가 내리기 시작한다. 은빛 거울 같은 호수 표면을 빗방울이 내려치는 듯하다. 피아노 소리를 닮았다. 땅이 젖으면서 내 몸도 흙덩이가 되는 것 같고, 이렇게 나는 풍경 속으로 빨려 들어가는 느낌이다. 시간이 이렇게, 이 기분으로 멈춰버리면 좋겠다. 하지만 조금 후 하늘은 무지개를 그리고 비 소리 대신 저 멀리 낚시하고 있는 할아버지 한 분의 뱃소리가 들려온다. 또렷한 소리들은 내게 다른 세상을 열어주는 듯하다. 그 소리와 함께 천천히 집으로 돌아간다.

Herb Oil

제 4 장

초원의 빛이여

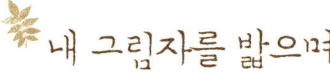 내 그림자를 밟으며

　가던 차를 멈추게 한 건 햇살이었다. 너무 맑고 투명해서 비를 맞듯 햇살을 맞으며 공원을 걷고 싶었다. 오후 5시의 햇살은 너무 비스듬해서 160센티 내 키의 그림자를 두 배쯤 늘려놓고 있다. 손바닥으로 해를 가리니 햇살이 내 살을 통과해 튀어나올 것만 같다. 1년 내내 얄미울 정도로 햇살을 잘 보여주지 않는 영국이지만 보여주자고 맘먹으면 보상이라고 해줄 것처럼 이렇게 쏟아내니, 해만 보이면 앞뒤 없이 윗옷을 벗는 이들의 심정을 이제는 충분히 이해할 수 있다.

　카펫처럼 푹신하게 키가 올라온 잔디를 꾹꾹 도장을 찍듯 밟으며 걸었다. 앞만 보고 걸었던 것이 아니라 두세 걸음 걷고, 지나온 내 발자국을 다시 돌아보는 느린 산책의 길이었다. 영국의 오후 그림자가 우리나라보다 유난히 긴 건 북쪽으로 많이 올라선 위도 탓에 햇살이 비스듬히 사선으로 내려오기 때문이다. 제 긴 그림자를 껴안고 있는 잔디는 초록이 진해져 거무스름하다. 거기에 비친 내 긴 그림자도 참 검다.

방송작가로 일하던 시절,《감옥으로부터의 사색》을 쓰신 신영복 선생님을 만난 적이 있다. 기억에도 없으실지 모르지만 그때 선생님은 사인을 요청하면 간단한 문장을 덧붙여 써주곤 했다. 사는 게 너무 힘들어 도망치고 싶을 때마다 가방을 자꾸 사게 된다고 말했던 한 선배가 그때 선생님으로부터 받은 문장이 '밤이 어두울수록 별빛이 빛난다'였다. 선배는 그 사인을 받고 참 많이 울었다고 했다. 나는 그 선배에게 쓰지도 않을 가방을 여전히 사고 있느냐고 다시 물은 적은 없지만 이제는 가방에 대한 미련을 버렸기를 바란다.

잔디만 자기 그림자를 끌어안고 검게 속을 태우고 사는 건 아니라는 생각을 자꾸 하고 있었다. 그림자 없이 사는 사람 없듯이, 누구나 자기 키보다 더 길어진 그림자를 끌어안고 힘들게 산다고, 나만 그런 게 아니라고 나를 위로해주고 있었다.

안경의 주인은 얼마쯤 가서 놓고 온 안경을 기억했을까?
잊지 말자고 다짐한 것일수록 어이없이 잊고 산다.
내가 부모님을 시시때때로 잊고 살 듯이

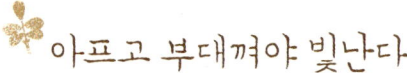# 아프고 부대껴야 빛난다

울스워터 호수Ullswater를 끼고 차가 달린다. 울스워터 호수를 지나는 사이 차 안에서는 드미트리 쇼스타코비치Dmitri Shostakovich의 왈츠가 가득하다. 그 사람의 〈재즈 모음곡 2번 Suite for Jazz orchestra No.2〉이다. 이 경쾌한 4분의 3박자 왈츠가 왜 이렇게 슬픈지. 들을 때마다 매번 알 수 없는 슬픔이 흐른다. 그런데 내게 전해진 감정이 맞을 듯하다. 쇼스타코비치는 라흐마니노프, 프로코피에프 등의 다른 러시아 출신 음악가들이 미국과 유럽으로 망명한 것과 달리 러시아, 훗날 소련이 돼버린 조국을 떠난 적이 없다. 대신 그는 그 안에서 징하고 징한 스탈린과의 싸움을 벌였다. 스탈린은 그의 오페라가 퇴폐적이며, 국민정신을 해치는 선정성이 가득하다는 이유로 공연 중단령을 내렸다. 스탈린은 말 안 듣는 그를 가택연금도 시켰다. 격정적인 그의 곡 중 하나가 레드 아미Red Army의 군대행

진곡이 되었을 때 그는 두 번 다시 자신의 손으로는 그 곡을 연주하지 않겠다고 선포했고, 죽을 때까지 그 고집을 지켰다. 나라를 떠난 이들이 다 비겁하다고 할 순 없다. 어쩌면 나 역시도 그 상황이라면 그리했을지도 모르니까. 그래서 더욱 시리고 아픈 조국의 역사를 끌어안고 평생을 싸우며 산 쇼스타코비치에게 고개가 숙여진다.

그의 열정과 아픔이 세 박자로 맘 아프게 출렁인다. 호수의 물결이 햇살에 정신없이 반짝거린다. 내 눈에 이토록 아름다운 반짝거림이 실은 잔물결의 부대낌이다. 삶이 그런가 보다. 나에게 지독한 부대낌이 누군가의 눈에는 빛나는 아름다움일 수도 있다. 쇼스타코비치의 왈츠처럼!

울스워터 호수의 아름다움 앞에서 잠시 머물러
나 역시 하나의 풍경이 되어보기로 한다

 동행

호수를 바라보며 벤치에 앉아본다. 바람이 부는데도 호수는 이상하리만치 잔잔하게 물결친다. 주변을 둘러보니 호수 길을 걷는 사람들, 앉아 쉬는 사람들, 대부분이 노부부들이다. 살아갈 날들보다는 살아온 날들이 많은 이들은 서로의 생각을 묻지 않아도 아는 모양이다. 걸음걸이의 속도마저 같아진 이들이 말없이 손을 잡고 걷는다.

결혼 후 남편은 나 대신 두 번의 상복을 입어줬고, 맘을 잡지 못해 신경이 날카로워지는 나를 묵묵히 받아줬다. 없던 맘의 병이 생겨 집 안에 있질 못하고 마당만 서성이는 나에게 꽃집을 찾아주고 주말이면 그곳으로 출퇴근을 시켜줬던 사람도 남편이었다. 시간은 '사랑'으로 시작한 우리의 마음을 그보다 진한 그 무엇으로 바꾸었던 듯싶다. 남편은 나에게 생긴 기쁜 일과 슬픈 일을 가장 먼저 알리는 사람, 남들에겐 책잡힐까 할 수 없는 가족의 치부까지도 드러내놓고 아프다고 말하는 유일한 사람이 되었다. 그리고 그는 마흔이 되어서도 철들지 못하고 엉뚱한 꿈을 꾸고 있는 나에게 '당신 하고 싶은 대로 해봐'라고 말해주는 가장 맘 놓이는 친구가 되었다.

20년이 넘는 세월 동안 한 방을 같이 쓰는 룸메이트였던 우리는 이제 사소한 눈 찡그림 하나에도 서로의 맘을 읽어버리는 귀신들이 되었다. 그러다 보니 얼굴도 닮아버려 남편을 오빠라고 속여도 누구 하나 의심도 없다. 혈육도 아닌 우리가 피를 나눈 부모형제보다 더 진하게, 더 많은 시간을 살게 되는 이 인연은 대체 무엇일까? 그냥 스쳐 지나갔을 수도 있는 인연이 이렇게 뿌리를 내려 이토록 서로의 삶에 많은 영향력을 미치며 살아가는 이유를 언젠가부터 묻지도 않게 됐다. 그냥 설명할 길 없는 우주의 질서처럼 우리의 앎으로는 대답할 길이 없는 그 무엇이 있음을 인정할 뿐이다.

　늘 젊을 것 같던 남편의 나이 듦을 바라보는 것이 그리 기분 좋은 일은 아니지만 안타깝기만 한 것도 아니다. 가끔 걷고 있는 남편 뒷모습에 하얗게 센 머리를 얹어볼 때가 있다. 살짝 굽어진 등이 그의 키를 조금은 작게 만들 것이고, 늘 바삐 걷는 발걸음은 많이 느려질 것이다. 힘은 지금보다 많이 없어지겠지만 자존심이 강한 그는 여전히 내게 무거운 물건을 들게 하진 않을 것이다. 그와 손을 잡고 다시 이곳의 호수를 걸었으면 좋겠다. 그리고 살아온 우리들의 생애를 이 호수에 내려놓으며 "그래도 우리 잘 살아왔지 않았느냐"고 말할 수 있었으면 좋겠다.

비 오는 날, 토토로를 기다리며

미야자키 하야오의 애니메이션 〈이웃집 토토로〉를 처음 본 건 서른도 넘어 내가 우리 아이들의 유치원 학부모가 됐을 때였다. 이 영화는 사츠키의 가족들이 입원 중인 엄마의 병원 근처, 시골 마을로 이사 오게 되면서 시작된다. 소설가 아버지와 장녀 사츠키, 그리고 막내딸 메이가 마을의 수호신인 아름드리 녹나무에서 살고 있는 도깨비, 토토로를 만나 펼쳐지는 이야기를 그린 〈이웃집 토토로〉. 영화 속, 사츠키는 동생 메이가 봤다는 토토로를 비 오는 날 밤 숲 속의 버스 정류장에서 아빠를 기다리다 만난다. 미야자키 하야오는 왜 하필 사츠키와 토토로의 만남을 이렇게 설정했을까? 작가의 입장에서 그의 생각을 따라가보았다.

숲 속의 밤은 무섭고, 어두운데, 비마저 내린다. 사츠키는 자신이 업기에는 버거운 동생을 업고, 잔뜩 구부러진 어깨에 겨우 우산을 걸치고 있다. 아빠가 혹시 타고 올지도 모르는 마지막 버스를 기다리는 사츠키에게 비 오는 숲 속의 정류장은 너무 어둡고, 무섭고, 힘들었을 것이다. 그때 토토로가 순수하고, 귀엽고, 듬직한 모습으로 사츠키 앞에 나타난다. 어쩌면 미야자키 하야오는 토토로와 사츠키, 둘 관계의 정체성을 이러한 상황 설정으로 말해주고 싶었는지도 모르겠다. 가장 외롭고, 힘든 순간에 위로가 되는 존재가 있다는 것을 말이다.

가끔 나도 숲 속 정류장에 서 있는 열 살의 사츠키로 돌아갈 때가 있다. 삶은 내게 잠시 장밋빛을 보여주는가 싶다가도 이내 밤이 찾아오고, 비마저 내리게 한다. 등에 진 버거운 삶의 짐이 내리는 비에 젖어 더욱 무거워질 때 토토로의 위로가 떠오른다. 그럼 다시 순수한 맘으로 버거움을 잊고, 아직은 삶이 상상해볼 만하다고 용기 낼 수 있을 것 같다. 생각해보면 내 삶에 토토로는 나도 모르는 사이에 여러 번 왔었던 듯도 싶다. 요즘도 다시 찾아와줄 토토로를 기다려본다. 이제 좀 나타나 나에게 다시 순수의 용기를 넣어줄 때가 됐다.

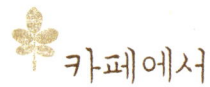 카페에서

카페 이름이 '등대의 집 Light house'이다. 들어설 때는 못 느꼈는데 건물이 삼각형의 섬으로 길을 양쪽으로 갈라놓고 있다. 그 형세가 아닌 게 아니라 섬 위의 등대처럼 보일 수도 있겠다. 종업원에게 잉글리시 브렉퍼스트 홍차 한 잔을 시켰다. 영국에서 배운 맛 중 하나가 홍차다. 그냥 내려 먹으면 너무 진하고 생우유를 타면 진한 밤색이 갈색으로 변한다. 맛도 진한 밤색에서 갈색이 된다.

2층 카페에선 마을이 내려다보인다. '내려다본다'는 건 이상한 편안함이 있다. 밑을 지나가는 사람들이 분주하다. 그들은 내가 지켜보는 것도 모를 것이다. 나는 알고 상대방은 모른다는 것, 이상하게 안심이 된다. 못된 맘 때문인가? 그런데 아까부터 가만 보니 이 마을의 분위기가 일산 장항동 27블록을 많이 닮았다. 내가 집을 짓고 살았던 단독주택 단지. 유학비로

팔아버린 집이 거기에 아직도 있다. 거기엔 나지막한 해발 87 미터의 산이 있는데 그 산 밑에 집들이 꼭 이런 모양으로 옹기종기 붙어 있다. 그런데 분위기가 참 다르다. 비슷한 환경인데 왜 이곳은 이렇게 편안해 보일까, 왜 더 예뻐 보일까.

　이곳 사람들 천성적으로 멋을 안다. 멋은 과하지 않을 때, 조금 부족할 때 진짜 맛이 난다. 새것이 아니라 묵어서 세월이 빛을 내야 더 멋있다. 그걸 어쩜 이렇게 잘 알고 있을까? 마을이 빼고, 더할 것도 없이 딱 그만이다 싶게 복잡하고 한가하다. 적당하게 압력이 들어간 풍선처럼 딱 알맞게 팽팽하다.

# 어떤 오후의 그리움

빨랫줄에 널린 옷들이 바람에 그네를 타며 흔들거린다.

내가 대학을 다니던 1990년대까지도 우리 집 마당엔 하얀 이불 홑청이 널려 있곤 했다. 외풍이 심해 겨울이면 머리맡에 놓아둔 물걸레가 얼곤 해 명주솜으로 지은 무거운 이불이 아니면 추위를 이겨낼 방도가 없었다. 늦가을이면 어머니는 이불집에 헌 이불을 맡겨 솜틀이를 하셨고 홑청을 손질하느라 분주해지셨다. 거친 광목 이불 홑청은 세탁기에 넣으면 잘 안 돌아가 어머니는 빨래 방망이로 두들겨 홑청을 빤 뒤, 풀을 먹여 빨랫줄에 널어 햇살에 말렸다. 마당을 가득 채울 정도로 커다란 이불 홑청이 빨랫줄에 널리면 어머니의 성화에도 상관없이 나와 동생들은 이불 홑청 사이에서 술래잡기를 했었다.

기억이라는 것이 줄거리를 갖춰 차례대로 구성되는 것이 아니라 스냅사진처럼 찍혀 앞뒤 정황도 없이 남겨지곤 하는데,

그때 내 기억이 꼭 그렇다. 그때 내가 정말 행복했었는지는 모르겠다. 그냥 햇살이 금가루를 쏟아낼 것처럼 노랬던 어느 가을 오후, 하얀 이불 홑청 널린 빨랫줄에 금가루 같은 햇살이 내려앉고 있었고, 어머니는 장판으로 싼 평상 마루에 앉아 시골에서 올라온 고추를 널어 말리고, 동생들과 나는 홑청 사이를 헤매고 있었다.

영국의 이 시골 마을 뒷마당에 걸린 빨랫줄이 이상하게 닫힌 맘을 풀어주어 내 오랜 기억 속으로 나를 빨려 들어가게 한다. 금방이라도 저 소박한 현관문을 열고 누군가 빨래를 걷으러 마당으로 나올 것만 같다. 그이의 모습이 참 낯익을 것만 같다.

이곳에서도 우리의 일상이 펄럭인다.
먼 영국 땅, 빨랫줄에 널린 옷들 사이로
오래된 기억이 스냅사진처럼 일렁이더니
오랜 기억 속으로 나를 빨려 들어가게 한다

초원의 빛이여!

언젠가 가수 양희은 씨는 자신의 20대로는 다시 돌아가고 싶지 않다고 했다. 모든 청춘이 아름답고, 피가 끓고, 화려한 것은 아니라고 믿는다. 나 역시도 세월을 돌려준다고 해도 그때 그 청춘으로 다시 돌아가고 싶지 않은 건 젊었기에 힘들었던 기억 때문일지도 모른다. 그땐 채우려고 해도 채워지지 않던 열정에 조급했고, 성근 생각과 가라앉지 않는 거친 감정들로 편히 잠을 이루지 못했다.

수많은 문학과 영화가 이 젊음의 통증을 풀어냈지만, 백미 중 하나는 나탈리 우드, 워렌 비티 주연의 영화, 〈초원의 빛 Splendor in the Grass(1961)〉이 아닐까 싶다. 잡히지 않는 사랑에 목숨을 걸었던 열정이 상처만 남기고 사라진 뒤에야 나탈리 우드는 이제는 다른 여자의 남편이 된 첫사랑, 워렌 비티를 찾아간다. 인사 속에 두 사람은 안부를 나누며 폭풍처럼 찾아왔던 자신들의 사랑과 젊음이 다시는 돌아오지 않을 시간 속에 남겨졌다는 걸 알게 된다. 그때서야 이 영화의 제목인 워즈워스의 시 속의 구절 '초원의 빛이여'를 누구라도 함께 조용히 되새기게 된다.

>What though the radiance
>which was once so bright
>Be now forever taken from my sight,
>Though nothing can bring back the hour
>Of splendor in the grass, of glory in the flower
>We will grieve not, rather find
>Strength in what remains behind;
>한때는 그렇게도 밝았던 광채가

이제는 영원히 사라진다 해도
풀의 장려함이여, 꽃의 영광이여
그 시절을 다시 돌이킬 수 없다 해도
우리 슬퍼하지 말고, 차라리 뒤에 남은 것에서 힘을 찾으리

시나리오 작가인 윌리엄 인지William Inge는 워즈워스의 시, 〈Ode: Intimation of Immortality from Recollections of Early Childhood〉에서 '초원의 빛'이라는 제목과 줄거리에 대한 영감을 얻었다고 했다. 영화 속에서 나탈리 우드의 목소리로 낭송되었던 구절이 바로 이 시의 열 번째 연이다. 워즈워스는 열한 개 연의 시 중, 네 연만을 완성한 뒤 2년의 시간을 보냈다. 2년 동안 그는 고향인 이곳 레이크 디스트릭트에 머물렀고 일곱 연을 보태 완성했다. 그 2년 동안 그에게는 어떤 일

이 있었을까?

어떤 맘은 그 나이가 되지 않고는 느껴지지 않고, 깨달아지질 않는다. 그래서 맘 아프게 아무리 누가 말해주고 경고해주어도 우린 그 나이가 되지 않고는 왜 삶이 그러한지를 이해 못하고 어김없이 같은 실수를 하고 지나가는 모양이다.

# 상상해본다

6년 전 히드로 공항에 첫발을 내디뎠을 때 난 '0'이라고 쓰인 직선 위에 서 있었다. 마중 나올 사람조차 하나 없는 낯선 세상에서 난 매일 다짐했었다. '내일은 오늘보다 나아질 것이다.' 그렇게 0으로 시작했던 생활이 1이 되고, 2가 되고, 이젠 6년이라는 어마어마한 시간이 만들어졌다. 그러다 어느 순간 초심을 잃고 어제만도 못한 오늘의 생활을 하기도 했고, 지금의 나는 그간 꿈꾸었던 꿈이 무엇이었던가, 뿌연 안개 속에 갇혀 있는 느낌도 든다. 난 돌아가 무엇을 해야 하나. 여전히 뭐 하나 손에 잡히는 건 없다. 하지만 레이크 디스트릭트가 6년 전 내가 쫓아왔을 꿈을 다시 상기시킨다.

이 삶이 지금보다 천천히 흘러가기를,
이 삶이 지금보다 덜 싸우며 살게 되기를,

이 삶이 지금보다 조금 더 초록이기를,

이 맘으로 왔던 길이었다. 돌아갈 길에 난 그 맘을 잃고 바쁘게 계획을 세우고, 세상과 싸우고, 복잡해지고 있었다.

만년 동안 잔물결을 출렁거렸을 호수가 여전히 반짝거린다. 차 안에 틀어놓은 음악 속에서 존 레논이 상상해보라고 말한다. 내가 꿈꾸는 삶에 우리 가족이, 나의 친구와 동료가 함께할 수 있을까. 존 레논이 꿈꿨던 세상은 아직도 오지 않고 있지만 그 사람의 바람에 나 하나를 보태본다. 분명 나 혼자 꿈을 꾸지는 않을 거라고······.

You may say I'm a dreamer
But I'm not the only one

I hope someday you'll join us

And the world will be as one

당신은 아마 날 공상가라 말할지도 모르죠.

하지만 나 혼자는 아닐 겁니다.

언젠가 당신이 우리와 함께하기를,

그래서 세상이 하나되기를 난 바랍니다

하루하루가 시험이다

    서울에서 날아오는 소식이 맘 편하지 않다. 6년간의 유학 생활은 하루하루가 시험이었다. 통과하면 더 앞으로 나갈 수 있지만, 그렇지 않으면 주저앉아야 하는 시험의 연속이었다. 그런데 나뿐만 아니라 남편도 아이들도 내가 치르는 이 시험을 같이해야 했다. 6년의 결산을 해야 하는 요즘 그간의 내 결정이 정말 잘한 일이었을까, 이게 최선이었을까? 그간 뒤돌아보는 걸 잘 모르던 내가 이런 생각에 잠기는 일이 많아진다. 답을 내자고 들면 '잘한 일이었다'가 되어야 한다. 그런데 역시 냉정하게 내린 현실적인 답은 '얻은 것도 많지만 잃은 것도 많다'는 것이다. 다만 내가 아는 한 가지는 지금이 아니라 좀 더 시간이 흐른 뒤에 삶이 이 질문에 대한 답을 줄 것이라는 거다. 그때쯤엔 지금처럼 나에게, 가족에게 미안하지 않았으면 좋겠다. 하루 종일 해를 보여주지 않는 날씨처럼 맘이 하루 종일 얼룩진다.

다 내려놓자

내게 '기회'는 하늘에서 비 내리듯 쉽게 떨어져본 적이 없다. 늘 내가 죽을힘을 다해 부딪혀달라고 소리쳐야 얻을 수 있는 것이었다. 그래서 살면서 누군가 "해보지 않겠니?"라며 준 기회를 거절해본 적이 거의 없다. 그래서 늘 일이 많았다. 그런데 이곳 레이크 디스트릭트에서 한 번도 해보지 않았던 거절이라는 걸 해야 했다. 애타게 기다리던 기회가 왔는데 그걸 내 의지만으로는 해결할 수 없어 결국 하지 않겠다는 결정을 내렸다. 그리고 맘을 추스르기 힘들어 일주일이나 애를 태웠다. 안 될 줄 알면서도 그래도 최선을 다해 해보자고 주변 사람까지 괴롭히며 보낸 시간들이었다. 그 속에 난 레이크 디스트릭트가 아니라 지옥에 있었다. 아름다운 레이크 디스트릭트가 순식간에 슬픔이 되고, 무지개를 보듯 내 가슴을 뛰게 하던 워즈워스의 세상은 그냥 고통인 듯싶었다. 왜 하필이면 이곳에서 이런 모진 맘고생을 치르고 있는 걸까. 그런데 며칠 후부터 레이크 디스트릭트가 고마워졌다. '이곳이어서 다행이다. 내 삶의 가장 어려운 결정을 하는 곳이 이곳이어서, 얼음이 아니라 내려놓음을 배워야 하는 곳이 이곳이어서 정말 다행이다' 그리고 '아직은 때가 아니라고, 지금은 비바람이 분다'고 레이크 디스트릭트가 말해준다.

일주일 전, 레이크 디스트릭트로 들어올 때 곧 터질 듯 보였던 벚나무의 꽃망울은 아직도 그대로다. 금방이라도 필 것 같은 꽃도 변덕스러워진 날씨 탓에 춥고, 시리고, 축축한 맘고생을 하는 중이었다. 자연이 내게 모든 것에는 다 때가 있다고 말해준다. 춥고, 비바람이 부는 날은 그냥 내려놓고 쉬어도 좋다고 말한다. 다, 내려놓자.

리 오스카의 마이 로드

10년도 더 된 일이다. 예술의전당에서 리 오스카Lee Oskar의 공연이 있었다. 하모니카 연주의 천재. 하모니카 회사를 직접 경영하고 있는 사람. 그의 연주, 〈Before The Rain〉은 내가 알고 있는 하모니카의 세계를 확실하게 바꿔주었다. 그런데 두 시간 넘게 야외에서 펼쳐진 공연에서 난 그의 다른 면을 봤다. 열정이었다. 그간 수없이 다녀본 공연들, 클래식, 팝, 대중가요, 재즈를 막론하고 그때처럼 설명하기 힘든 열정으로 맘이 설레어본 적이 없다. 참 신기한 경험이었는데 훗날 그 사람을 좀 더 알게 됐다.

리 오스카는 덴마크 코펜하겐에서 출생했다. 여섯 살에 하모니카를 부모님에게 선물 받은 게 하모니카 연주가가 된 결정적인 계기였다. 그는 미국 재즈계의 전설, 레이 찰스Ray Charles의 열렬한 팬이었다. 라디오를 통해 들은 그의 음악을 하모니카로 옮기곤 하던 어린 시절이었다. 열일곱 살이 되었을 때 그는 미국으로 떠났다. 돈 한 푼 없이 레이 찰스를 만나보겠다고, 레이 찰스와 같은 음악을 해보겠다고 떠난 길이었다. 물론 그의 고생은 말할 수 없을 정도였다. 배고픔으로 죽을 고비도 여러 번 넘겼고, 과연 이렇게 성공할 수 있는 건가, 현실에 발목 꺾여 일어날 수 없는 날도 많았다. 그래도 그는 성공했다. 세계 최고의 하모니카 연주자가 됐고, 그의 이름으로 만들어진 회사에서는 그의 하모니카가 만들어지고 있다.

그를 만나 이야기를 나눈 적도 없는데 그날 난 그의 음악에서 그 삶을 들었던 모양이다. 〈Before The Rain〉 이후 난 그의 〈My Road〉를 다시 만났다. 〈우리의 길Our Road〉이라는 앨범의 타이틀곡이 〈My Road〉다. 선율이 참 맘 아리게 슬프고 외롭다. 레이크 디스트릭트의 오솔길을 달리며 나는 내내 리 오스카의 〈My Road〉를 듣는다. 그가 이 음악 속에 뭘 담았는지는 물어보지 않아서 모르겠다. 그런데 왠지 알 것만 같다. 누구나 지금 가고 있는 인생의 길이 그러하지 않을까? 조금은 아리고, 조금은 슬프고, 그리고 정말 외로운 길. 그 길을 지금 나 역시도 가고 있다.

아름답게 늙자

어린 시절에는 감정이 일곱 빛깔 무지개처럼 여러 가지였다. 좋은 걸 보면 노랗게 들뜨고, 화가 나면 빨갛게 불타고, 원하는 걸 얻으면 온통 파랗게 세상이 물들었다. 하지만 나이 들어 나의 감정은 하나가 돼간다. 좋아서 눈물이 나고, 화나서, 못 견디게 힘들어서 눈물 난다. 어쩌다 그 많던 감정이 다 눈물로 범벅이 됐는지 모르겠다.

호수에서, 산 중턱에서, 레이크 디스트릭트가 너무 아름다워서 때때로 울컥한다. 친정어머니는 생전에 늙는 건 서럽다고 하셨다. 맞기도 하지만 꼭 그렇지도 않다. 내게 눈물이 날만큼 아름다운 이 레이크 디스트릭트의 자연은 만년의 시간이 만들어낸 깊이였다. 그건 꽃도 피울 수 없게 되어버린 수백 년 된 고목이 주는 아름다움이었고, 이제 막 쪼개진 바위가 아니라 수천 년 전 갈라져 그 사이를 이끼가 채운 묵은 바위에서, 막

지은 집이 아니라 수백 년 전에 지어져 눈비에 귀퉁이가 떨어져나간 그 오래됨에서 느껴졌던 아름다움이었다.

아름답게 늙어갈 수만 있다면 늙어가는 게 꼭 그리 서러울 일도 아니지 않을까. 20년쯤 지난 뒤, 지금보다 나는 훨씬 더 많은 주름에 머리엔 하얗게 센 머리카락이 가득할 것이다. 그때의 '오래된 나'는 지금보다 20년만큼 더 아름다워질 수 있었으면 좋겠다. 이 눈물 나게 아름다운 풍경 속에 서 있어도 부끄럽지 않았으면 좋겠다.

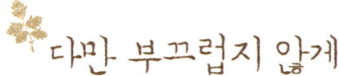
다만 부끄럽지 않게

　레이크 디스트릭트의 해리슨 스티클Harrison Stickle 산을 오른 뒤, 그 옆 산봉우리인 해발 700미터의 페이비 아크Pavey Ark를 다시 오르는 중이다. 그런데 이미 해리슨 스티클 산을 오르며 힘을 너무 뺀 탓에 다리가 풀려서 걷기조차 힘들다. 겨우 페이비 아크를 내려온 뒤, 마지막으로 오르려고 했던 파이크 오브 스티클Pike of Stickle은 아래서 보기만 하고 오르는 걸 포기했다. 아직 힘이 남아 있어 한 번 더 도전해볼까 했던 욕심도 내려놓았다.

　내려오는 길은 언제나 오르는 길보다는 쉽다. 오를 때는 느끼지 못했던 바람이 땀에 젖은 윗옷을 선선하게 말려준다. 올랐던 길이 너무 힘들어서인지 내려오는 길은 무릎이 휘청거리며 힘없이 꺾여도 살 것 같다. 산을 다 내려왔을 때쯤 문득 내가 내려온 뒷산이 궁금해졌다. 뒤를 보니 두 번은 결코 오르고 싶지 않은 가파른 돌산이 우두커니 내 등을 보고 있다. 내가 올라섰던 산도 까마득하고, 포기해서 오르지 못한 산도 같은 모습으로 그렇게 일없이 서 있었다. 저 산에 내가 찍어놓은 발자국이 아직도 있으려나? 저 산은 내가 거기에 있었다는 걸 기억이나 해주려나? 그런데 이런 생각조차 우습다. 생각해보면 세상을 향해 날 기억해달라고 기를 쓰고 살아도 결국 나를 기억해주는 건 나 말고 누가 있을까 싶다. 그래서 사는 일이 점점 더 나에게 부끄럽지 않은 일을 찾아가는 과정이 되어가는 듯하다.

    누군가는 내게 우리 삶이라는 게 결과적으로 잘살 수도, 또 못 살 수도 있지만 설령 결과가 나빴다 할지라도 선한 의지를 갖고 살았다면 그건 부끄럽지 않은 삶이 아니겠느냐고, 말해준 적이 있다. 그 의미를 이젠 좀 더 분명히 알 것도 같다.

페이비 아크의 가파른 돌산.
이렇게 험한 산일 줄 알았으면 오르지도 않았을 것을.
그런데 인생이 이 돌산보다 더 힘이 드니 못 오를 것도 없다

거짓말 그리고 위로

산 넘어 산이다. 뒤돌아서 혼자 내려갈 길이 더 무서워 결국 해리슨 스티클 봉우리까지 쫓아가고 있는 중이다. 발걸음이 무거운 나를 앞서가며 영국 아저씨 한 분이 "Nearly there!(거의 다 왔다)"며 위로의 거짓말을 한다. 이 거짓말을 영국에서도 듣다니.

한때 난 산악회 회원이었다. 주말마다 산을 탔던 적도 있었다. 그렇다고 전문 산꾼은 아니어서 모든 산이 늘 힘에 부쳐 다른 회원들에게 민폐를 많이 끼쳤다. 그때 내가 가장 많이 듣던 소리가 "거의 다 왔습니다. 힘내세요"라는 거짓말이었다. 아주 새빨간 거짓말이었다. 정상은 늘 멀찍이 떨어져 있어도 산꾼들은 뒤처진 내게 늘 이런 거짓말을 해주었다. 영국 산에서 그 거짓말을 또 듣게 될 줄 몰랐다. 그 거짓말은 정말 거짓말이어서 거의 다 왔다는 그 소리를 듣고도 두 시간 넘게 산을 올라야 했다. 그래도 고맙다.

    가끔 내가 너무 지치고 힘들 때 산에서 들었던 그 거짓말이 듣고 싶어질 때도 있다. 앞길도 보이지 않는 안개 속을 나만 혼자 걷고 있다고 생각될 때, 누군가 내 등 뒤에서 이제 거의 다 왔다고 말해주길 간절히 바라본다. 정말로 이젠 거의 다 왔다고 누군가 위로해주기를. 힘듦의 시간을 추억하며 정상에서 땀을 식힐 시간이 곧 온다고 믿고 싶다.

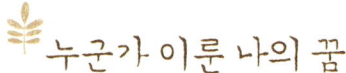
누군가 이룬 나의 꿈

오랫동안 꿔온 꿈이다. 이다음 내가 정원을 만들면 거기엔 트리 하우스가 있을 것이다. 트리 하우스를 이어주는 데크 길을 만들어 발아래 아름다운 정원을 내려다본다. 트리 하우스에는 찻집을 꼭 둘 예정이다. 거기에서 차 한잔 마실 수 있는 시간을 하루에 한 시간 정도씩을 꼭 가질 거니까. 나무는 키 큰 자작나무, 회화나무, 느티나무면 좋겠다. 침엽상록수도 한두 그루 정도는 필요하겠다. 이왕이면 키 큰 나무로 심어 크리스마스가 되면 장식을 해놓을 수 있어야 한다. 가을이면 낙엽이 데크와 트리하우스에 떨어질 것이다. 겨울이면 트리 하우스 벽난로 굴뚝에 하얀 연기가 피어오른다. 봄이 오면 마른 가지에서 연초록의 봄눈이 깨어난다. 여름이면 녹음이 우거져 초록 그늘 속에서 자작나무 잎의 사각거림이 파도처럼 밀려든다. 사계절이 나무와 함께 그렇게 흘러갈 것이다.

이 오래된 꿈을 안위크 캐슬Alnwick Castle에서 봤다. 내가 머릿속에, 스케치북 속에 그려놓은 10년도 더 된 꿈이다. 언제쯤 이 꿈을 이루게 될까, 문득문득 떠올라 바람만 잔뜩 넣어주고 가던 그 꿈. 그런데 그 꿈을 이룬 사람이 여기에 있다. 누군가 이미 해버린 내 꿈이라 맥이 빠질 만도 한데 그래도 좋다. 누가 먼저 했으면 어떤가! 나의 꿈을 난 또 다른 세상에 펼쳐놓을 수 있을 것 같다. 할 수 있을 것 같다. 이미 난 내 꿈을 확실하게 봤으니까.

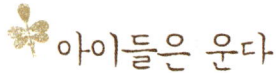# 아이들은 운다

조용한 그래스미어Grassmere 마을에 아이 울음소리가 쩌렁하다. 유모차를 끌고 가는 관광객 부부가 보인다. 울음소리는 부부의 유모차 속에서 나오고 있었다. 아이는 몸부림을 치며 온 인상을 다 찌푸리고 운다. 부부의 얼굴은 화를 삭이느라 벌겋다. 실은 나도 귀를 막고 싶은 심정인데 부모들 속 타는 맘이야 짐작이 가고도 남는다. 그런데 아이의 울음소리가 이 오래되고 한적한 그래스미어 마을을 깨우고 있다는 걸 문득 깨닫게 된다. 마치 화가의 그림 속에나 있을 마을이 아이의 울음으로 현실의 색채를 지닌 채 다가오는 느낌이다. 애들은 어이없을 정도로 울고 싶을 때 그냥 운다. 때와 장소를 못 가리는 아이의 울음이 내 애 키울 때는 딱 죽을 맛이었지만 지금은 다른 집 아이라서인지 여유롭다. 울 수 있다는 건, 애들만이 가질 수 있는 특권이다. 울고 싶은데 참을 것도 없고, 짜증나는데 아닌

척 할 일도 없다.

    태어난 지 몇 해도 되지 않아 우리가 배운 것이 아무 때나 울어서는 안 된다는 것이다. 남에게 눈물을 보이는 건 지는 것이고, 맘을 들키는 일이다. 그래서 우린 울고 싶은데 참는 법을 배운다. 그런데 어른도 정말 울고 싶을 때가 있다. 며칠 소리도 없이 앓았던 속이 괜스레 더 맘 아프다. 그래스미어를 쩌렁하게 울려대는 저 아이처럼 그냥 팍 한번 울어버렸으면 좋겠다. 그럼, 내 손에 쥐는 것 없어도 속이라도 시원할 것 같다.

멈추지 않을 대화

아름다운 것을 보면, 혼자 보고 있다는 사실에 문득 미안해진다. 그래서 나이 들수록 여행은 혼자가 아니라 맘속에 그리운 이들을 주렁주렁 안고 다니는 것이라는 생각이 든다.

"우리 엄마 오셨으면 아주 좋아하셨을 것 같아요."

유진은 사진기 셔터를 계속 눌러대며 엄마 소리를 몇 번인가 더 했었다. 내가 잘 알고 있는 사람은 유진이 아니라 그 부모님들이다. 유진은 대학교 3학년을 마치고 휴학을 한 뒤 앞날에 대한 고민을 하던 중이라고 했다. 우리 집에 머무는 동안 내가 좋아하는 정원을 몇 군데 데리고 다녔는데 가는 곳마다 엄마 소리를 한 번씩 했다. 그런데 유진뿐만 아니었다. 그보다 몇 해 전 영국을 찾아왔던 친언니 같은 선배의 딸, 혜민이도 정원을 데려갔을 때 똑같은 소리를 했었다.

"엄마가 보셨으면 정말 좋아하셨을 텐데……."

나는 내 나이 서른다섯에 엄마를 잃었다. 그리고 1년 뒤 엄마 생신인 음력 칠월 칠석, 점심에 넷째 동생이 끓여준 라면을 국물도 남기지 않고 맛있게 다 드셨다는 아버지가 어이없게도 쓰러져 돌아가셨다. 무슨 운명의 곡절인지, 그분들이 정말 견우와 직녀였는지는 몰라도 남겨진 나와 동생들은 한동안 서로 얼굴 보며 말하는 것도 꺼릴 만큼 허망하고 화가 났다. 부모님이 떠나신 뒤, 난 살면서 그분들이 못 견디게 보고 싶지는 않았다. 그저 가끔씩 거리 상점에 걸린 고운 옷을 보다 하나 사드릴까 싶어지는 주책없는 맘을 접어야 할 때, 나보다 나이도 많은 아주머니가 '엄마, 나야'라고 시작하는 전화통화를 들으며 뜬금없이 저 나이에도 엄마가 있을 수 있구나 싶을 때, 그리고 유진과 혜민이가 그랬던 것처럼 영국의 아름다운 정원을 거닐 때 나도 그렇게 엄마가 떠올라 미워졌다. '뭐가 그리 바쁘다고, 좀

더 살아서 이런 데도 같이 좀 오고 그랬으면 좋았을 것을…….'

생각지도 못했던 때에 부모님들이 내 꿈속을 오고 가셨다. 다행히도 꿈속의 그분들은 생의 마지막에 보여주셨던 모습은 아니었다. 꿈이 깨고 나면 건강하고 밝아 보여 다행이라고 안도의 한숨을 내쉬곤 했다. 그러나 10년이 넘는 시간 동안 자연스럽게 나는 그분들이 내 꿈을 오간 시기가 그분들의 기일과 일치함을 알게 됐다. 이젠 얼굴도 흐릿해져가는 망각의 시간 속에서도 그분들은 내게 말을 걸고 있었는지도 모른다. '난 괜찮으니 너희들 부디 잘 살아다오'라는 당부의 말이었을 거라고 믿는다. 부모와 자식의 인연은 생의 마감으로도 끝나질 않는 것인가?

레이크 디스트릭트의 바람이 온화하다. 후텁지근하지 않은 맑고 뜨끈한 햇살이 바람까지도 맑게 달군다. 바람이 내 몸을

감싸고 돌아나갈 때 작게 소리 내어 말했다. 나도 괜찮으니 걱정하지 마시라고.

우리가 신을 만날 수 있는

가장 좋은 장소는 정원이다.

당신은 정원에서 신을 캐낼 수 있을 것이다.

버나드 쇼

정원은

우리 마음의 거울이다.

서양 속담

우리는 땅에서 태어나고,

땅으로 돌아간다.

그리고 그 중간에 우리는 정원을 만든다.

작자 미상

제 5 장

만 남

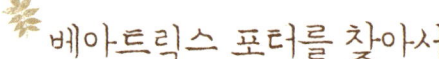
베아트릭스 포터를 찾아서

베아트릭스 포터Beatrix Potter, 그녀 때문이었다. 2주간의 휴가를 영국의 북부 지역, 레이크 디스트릭트로 정한 까닭은 단지 이곳의 아름다운 풍광 때문만은 아니었다. 그녀를 만나고 싶었다. 나보다 백한 살이 많았던 인생의 선배가 살아온 삶을 직접 확인하고, 그녀가 지키려고 했던 레이크 디스트릭트란 곳을 느끼고 싶었다.

그녀를 인생의 선배로 생각한 것은 나뿐만이 아니다. 소설《해리 포터》의 작가, 조안 롤랭J. K. Rowling은 어린 마법사 주인공의 이름을 바로 베아트릭스 포터에서 빌려 왔다고 했다. 포터는 전 세계 어린이들의 상상을 자극했던 말썽꾸러기 토끼, 피터 래빗Peter Rabbit, 벤자민 버니Benjamin Bunny, 돼지 로빈슨Robinson, 다람쥐 넛킨Nutkin, 고양이 미스 모펫Miss Moppet, 덜렁대는 오리 아줌마 제미나 푸들 덕Jemina Puddle-

Duck을 탄생시킨 동화작가다. 하지만 그녀를 좀 더 들여다보면 그녀는 양을 키웠던 전문 축산인이자 버섯 연구 전문학자, 정원사, 그리고 환경보존 지지자였다.

당시 런던에서 방직공장을 운영하던 부모 밑에서 태어난 그녀는 정규 교육 대신 가정교사 밑에서 귀족사회의 여자가 되기 위한 교육을 받으며 자랐다. 당시 귀족의 '여자 교육'은 남편을 사교적으로 보필할 수 있는 교양이 전부였다. 하지만 포터는 부모님과 당시 사회가 원하는 여자의 삶을 버리고 다른 꿈을 꾸기 시작한다. 그녀의 이런 남다른 꿈 속에는 레이크 디스트릭트라는 아름다운 고장이 있었다. 그녀는 런던에서의 귀족의 삶을 버리고 잉글랜드의 북쪽 레이크 디스트릭트로 홀로 이주한 뒤 토끼, 다람쥐, 오리를 키우며 동화를 만들고, 버섯을 연구했다. 그녀는 한때 버섯 연구원이 되길 바랐지만 여자라는 이유로 거부당하자 전문 축산인이 된다.

  그녀가 만든 동화 속의 등장인물은 상상이 아닌 그들과의 일상생활에서 얻어진 관찰 일지와 같다. 그래서 동화 속의 모든 캐릭터들은 금방이라도 책을 뚫고 나올 것처럼 생생하다. 그녀의 동화가 책이 되어 나오기까지는 많은 어려움이 있었지만, 그녀의 동화는 출판과 함께 전 세계 어린이를 감동시키며 베스트셀러가 된다. 동화책의 출판으로 돈을 번 그녀는 레이크 디스트릭트를 떠나지 않기 위해 농장을 사들여 양을 키웠다.

  훗날 노년을 맞은 포터는 소유한 농장만 해도 열네 개가 넘었고 사들인 호수와 산이 많았다. 그러나 재산을 물려줄 자식이 없었던 그녀는 모든 재산을 남김없이 당시 레이크 디스트릭트를 지키기 위해 설립된 환경보존 단체인 내셔널 트러스트 National Trust에 기증하고 떠난다. 그녀의 기증으로 내셔널 트

호크스헤드 마을의 베아트릭스 포터 기념관에
진열된 동화 속 캐릭터들. 금방이라도 튀어나올 듯
생생한 캐릭터들이 눈길을 사로잡는다

러스트의 자산이 열 배나 증가했을 정도였지만 그녀가 내건 단 하나의 조건은 백 년이 흐른 뒤에도 지금의 이 모습 그대로 레이크 디스트릭트를 보존해달라는 것이었다.

평생 마을 곳곳을 사랑했던 포터의 마음이 작은 창에도 배어 있다.
백 년이 흐른 지금도 이곳의 자연과 동물들은
레이크 디스트릭트의 상징처럼 마을을 지키고 있다

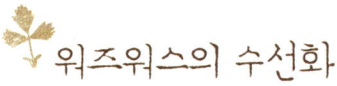# 워즈워스의 수선화

　시골의 아침은 한국이나 영국이나 상쾌하게 쌀쌀하다. 같은 한기寒氣인데도 저녁의 한기는 위에서 밑으로 내려와 무겁다면, 새벽은 땅에 내려앉은 한기가 하늘로 올라가 구름처럼 가벼워진다. 하늘에선 스테레오 스피커에서 들려오는 소리처럼 새소리가 입체음향으로 울려 퍼진다. 아, 좀 시끄러울 정도다.

　새벽길을 걸어 마을로 빵을 사러 가는 길. 후드 달린 두꺼운 외투를 입고 나오길 잘했다. 첫날 도착하면서 잠시 홀리데이 코티지 사이트를 운영하고 있는 사무실을 찾기 위해 들렀던 마을 길이라 벌써 눈에 익다. 슈퍼로 가기 위해 골목으로 접어드는데 킹스 암즈Kings Arms라는 펍이 보인다. 그런데 거기 벽에 걸린 간판에 시가 쓰여 있다.

I wandered lonely as a cloud,
Then, I thought sod it!
I will have a pint instead

"내 맘이 구름처럼 외롭게 떠돈다."

영국의 호반시인 윌리엄 워즈워스William Wordsworth의 시, 〈수선화〉다. 첫 줄은 워즈워스의 시가 맞는데 뒤가 다르다. 그 뒷줄은 '젠장, 그래서 난 대신에 맥주나 한 파인트 할까 보다'이다. 유머 감각이 재미있다. 호크스헤드는 워즈워스가 초등학교를 다닌 마을로, 방금 전 그가 다녔다는 학교도 지나왔다. 그는 그래머 스쿨Grammar school이라는 당시나 지금이나 공부 잘하는 학생들이 다니는 공립학교에 다녔던 모양이다.

I wandered lonely as a cloud

That floats on high o'er vales and hills,

When all at once I saw a crowd,

A host, of golden daffodils;

Beside the lake, beneath the trees,

Fluttering and dancing in the breeze

계곡과 언덕 위를 떠도는 구름처럼,

내 맘이 외롭게 떠돌다

문득 황금빛, 무리 지어 피어난 수선화를 본다.

호숫가 나무 아래,

바람 속에 춤을 추듯 몸을 흔든다

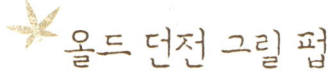
올드 던전 그릴 펍

그 유명한 올드 던전 그릴 펍Old Dungeon Grill Pub에 앉아서 물기 송송 맺힌 시원한 얼음 콜라 한 잔을 마신다. 펍은 우리에게는 없는 공간으로, 굳이 비유하자면 '주막'과 비슷한 숙박소이면서 음식을 제공해주는 곳이다. 다른 점이 있다면 단순히 숙소와 음식을 제공하는 곳이 아니라 지역인들이 매일 모여서 하루 일과를 정리하는 일종의 문화 사랑방 역할을 한다는 것이다.

올드 던전 그릴 펍은 원래 농장이 딸린 여인숙으로 시작했지만 후에 펍으로 바뀌어 산악인들의 사랑을 많이 받고 있는 곳이다. 역사가 깊은 만큼 이곳을 다녀간 유명 산악인들이 많으며 올드 던전 그릴 펍은 그간 산악인들의 베이스캠프 역할을 해왔다. 먼 곳에서 오는 이들이 며칠간의 일정으로 이곳에서 숙식을 해결하며 산을 오른다.

전문 산꾼도 아닌 관광객으로 한나절 산에 올랐다 내려왔어도 기분은 산악인과 다를 바 없다. 산을 좋아하는 사람들은 어느 나라 사람이나 그 성품이 비슷한 모양이다. 시원하게 맥주 한잔에 땀을 식히며 주변 사람들에게도 친근하게 "힘들었죠? 어디로 다녀오셨어요?"라며 인사를 나눈다. 낯선 이방인에 대한 경계도 없이 산을 좋아한다는 이유만으로 하나로 뭉쳐지는 게 느껴진다. 함께 힘듦을 나눈 사람들의 그 공유가 훈훈하다.

세라 할머니의 진저브레드 가게

세라 켐프Sarah Kemp라는 할머니의 이야기다. 가난한 집안의 딸이었던 세라는 어릴 때부터 식당에서 음식 만드는 일을 하며 자랐다. 훗날 이웃 마을의 남자와 결혼을 해 남편의 성, 넬슨Nelson으로 바꾼 뒤에도 그녀의 삶은 달라지지 않았다. 하루 종일 요리를 하는 것이 그녀의 삶이었다. 이런 그녀의 요리를 먹어본 사람들은 모두 입을 모아 감탄했다. 특히 그녀의 진저브레드는 딱딱하면서도 부드럽고, 생강의 쓴맛은 없고 신선함만이 살아 있는 최고의 맛이었다. 그 진저브레드를 만들어 달라는 사람이 마을에 가득해졌고, 소문은 이웃 마을로도 번졌다. 그녀는 교회 무덤가 옆 작은 집을 얻어 그곳에서 진저브레드 가게를 만들었다. 그녀에게 운이 따랐다. 레이크 디스트릭트가 관광지로 각광을 받으면서 그녀의 진저브레드도 덩달아 전국적으로 유명해졌다. 밀려드는 사람들로 상점 앞은 줄을 서는 진풍경이 연출됐다. 그러나 비극이 찾아왔다. 그녀의 나이 마흔넷. 결핵으로 그녀와 막내딸이 세상을 떠나고, 남편도 2년 뒤 죽음을 맞는다. 그래스미어 마을, 세라의 진저브레드는 이렇게 사라졌다.

세라는 사라졌어도 그녀의 레시피는 집안 여자들에게 전수돼 여전히 진저브레드는 구워졌다. 데이지 핫손Daisy Hotson, 세라의 조카손녀인 그녀가 다시 진저브레드를 세라의 방식 그대로 만들기 시작했다. 똑같은 집, 똑같은 부엌에서 그녀는 세라를 재현했고, 지금도 그래스미어의 작은 교회 무덤가 옆 오두막에서 그 진저브레드를 판다.

날씨가 좋아 그래스미어 마을로 나들이를 나갔다 세라의 진저브레드 가게를 찾았다. 세라가 그랬듯이 아직도 진저브레드를 흰 종이에 싸서 판다. 진저브레드를 사고 나오는 길, 문득 신기했다. 우리 같으면 주변이 온통 진저브레드 상점으로 가득 차야 하는데, 그래서 원조를 찾느라 애를 먹을 만도 한데, 여전히 진저브레드 가게는 세라의 가게뿐이다. 옆집이 진저브레드를 만들지 않는 건 세라에 대한 존경이기도 하고, 어설픈 흉내가 먹히지 않음을 잘 알고 있기 때문이기도 하다. 교회 벤치에 앉아서 세라의 진저브레드를 한 입 깨물었다. 생강 향이 물씬하다. 그날 난 세라의 그 달콤한 진저브레드를 참 맛있게 먹었다. 실은 이들의 멋있는 문화를 향긋하게 먹었다.

자연의 수호신, 존 러스킨

코니스톤Coniston 마을엔 존 러스킨John Ruskin 박물관이 있다. 정원 공부를 시작하면서 영국에서 참 많이 들었던 환경운동가이자 철학자의 이름이다. 그의 원래 태생은 런던이다. 러스킨이 레이크 디스트릭트와 인연을 맺은 건 일곱 살 때부터였다. 코니스톤은 이미 19세기 말에서 20세기 초인 빅토리안 시대부터 런던 사람들의 여름 휴가지로 유명했다. 런던의 인구를 북서쪽 레이크 디스트릭트의 코니스톤으로 이동시킬 수 있었던 것은 바로 증기기관차의 발명 때문이었다. 철도 회사 퍼니스 레일웨이Furness Railway가 1859년 설립되면서 런던과 북쪽을 이어주는 길이 열렸고, 여기에 1901년 레이크 디스트릭트의 작은 마을 코니스톤에 역이 생겨 레이크 디스트릭트가 본격적으로 세상에 알려지게 된 것이다.

어린 시절부터 여름 휴양지로 이곳과 인연을 맺은 러스킨은 훗날 레이크 디스트릭트를 '자신을 새롭게 만들어준 세상'이라고도 했다. 그는 많은 시를 통해 레이크 디스트릭트의 아름다움을 남겼고 훗날 예술가, 비평가, 시인을 뛰어넘어 정치인이 되었을 때 자연보호법 캠페인을 주도했다. 우리 귀에도 익숙한 그린벨트법, 도시계획법, 흡연금지구역 등을 제정했던 장본인이 바로 그다. 그의 이런 노력은 레이크 디스트릭트를 영원히 지키고 싶은 맘 때문이기도 했다.

말년, 러스킨은 레이크 디스트릭트의 작은 마을, 코니스톤으로 내려와 레이크 디스트릭트를 지키기 위한 환경운동으로 여생을 보내다 숨졌고, 지금도 자신의 집에서 그리 멀리 않은 작은 교회에 묻혀 있다.

내셔널 트러스트의 론슬리

레이크 디스트릭트의 시계는 130년 전에 멈춰졌다. 존 러스킨과 베아트릭스 포터가 살았던 그 시절에 그대로 머물러 있는 셈이다. 레이크 디스트릭트가 마치 진공포장된 유리병 속의 통조림처럼 보호가 가능했던 건 내셔널 트러스트의 힘이다. 19세기부터 레이크 디스트릭트의 지식인들은 환경보호의 중요성을 깨닫고 있었다. 런던에서 일기 시작한 산업혁명이 순식간에 모든 것들을 바꾸어놓고 있던 시절이었다. 그들은 자신들의 고향인 이곳에 산업과 경제 논리만을 좇아 공해를 일으키는 공장과 관광하기 위해 몰려드는 사람들로 이 아름다운 곳을 망가뜨릴 수 없다고 다짐했다. 그 중심에 캐넌 하드윅 론슬리Canon Hardwicke Rownsley가 있었다. 북극 탐험가가 되고 싶었던 그는 북극이 아닌 레이크 디스트릭트를 지키는 일에 평생을 바친다. 평생 동안 그가 꿈꾸는 이상을 지원해준 친구는 정치인 존

러스킨과 작가 베아트릭스 포터였다.

 론슬리의 꿈은 1875년 경제적 조력자인 옥타비아 힐 경 Sir Octavia Hill과 그의 딸의 도움으로 내셔널 트러스트라는 재단을 창립하면서 본격화된다. 론슬리는 내셔널 트러스트에 지역의 변호사, 종교인, 교육자들의 동참을 이끌어냈고, 30년이 흐른 뒤, 기부로 조성된 재정으로 단순한 캠페인에서 벗어나 좀 더 공격적인 환경운동을 시작한다. 곧바로 1902년, 드디어 첫 번째 토지 구입을 시작으로 내셔널 트러스트는 레이크 디스트릭트의 산, 호수, 농장을 사들이기 시작한다. 론슬리는 내셔널 트러스트의 힘이 커지면서 이 단체의 변질을 우려했고, 결국 세상을 떠나기 몇 해 전 내셔널 트러스트에서 구입한 모든 땅은 팔 수도, 저당을 잡힐 수도 없다는 법률안을 확정시킨다.

 현재 내셔널 트러스트는 91개의 농장, 6개의 대형 호수와

내셔널 트러스트가 운영 중인 소박한 찻집 전경.
내셔널 트러스트는 후손에게 아름다운 자연을 그대로
물려주기 위해 만들어졌고, 지금도 그 뜻을 잘 이어가고 있다

18개의 작은 호수들, 레이크 디스트릭트의 서쪽 해안선을 대부분 소유하고 있다. 레이크 디스트릭트 전체 토지의 4분의 1에 해당하지만 핵심부를 지니고 있어 레이크 디스트릭트 전체가 내셔널 트러스트의 관리를 받고 있는 셈이다. 론슬리는 떠난 지 오래되었지만 그가 남긴 유산이 지금도 레이크 디스트릭트를 지키고, 후손에게 아름다운 이 자연을 그대로 물려주고 있다.

산에서 만난 할머니

내가 너무 앞질러 상상하는지도 모른다. 산을 내려오다 영국 할머니 한 분을 만났다. 걷기도 힘든 백발의 할머니가 장정 산악인이나 맬 듯한 등짐을 졌다. 부피로 보아 텐트가 있는 짐이다. 양손에 지팡이를 짚고, 빗물에 젖지 말라고 비닐로 싼 지도를 목에 걸었다. 평지에서도 걷기 힘들어 보이는 가냘픈 할머니. 게다가 이 할머니, 해가 지려는 산을 이제야 오른다. 서로 스칠 때 할머니는 날 보며 살짝 웃었다. 그런데 웃었던 게 아니라 애써 웃음을 지어준 듯 보인다.

뭔가 이상하다. 나이 든 노인들이 혼자 다니는 경우는 극히 드물다. 할머니는 혼자서, 그것도 해가 지려는 저녁 산을 오르고 있는 중이었다. 분명 산에서 혼자 잠을 잘 모양인 듯싶었다. 순간 머리 속으로 내 의지와 상관없는 이상한 상상이 그려지기 시작했다. 어쩌면 할머니는 최근 할아버지를 잃었을지도 모른다. 이 산은 할아버지가 살아 있었을 때 함께 올랐던 곳이고, 할아버지를 잃은 뒤 할머니는 혼자 이 산을 오르고 있는 중이다. 혹시 이 산 어디에 할아버지를 묻었을지도 모른다. 모든 것이 그대로인데 감쪽같이 한 사람이 사라져버린 그 낯섦. 그런데도 세상은 참 멀쩡하게 아무렇지도 않게 해가 뜨고, 비가 오고, 달이 차오르고, 그 소외감 속에 할머니는 차라리 이 산에서 할아버지와 그 추억을 함께하겠다고 결심했을지도 모른다.

    모자 챙으로 한두 방울씩 빗방울 떨어지는 소리가 들린다. 아, 비는 오지 말았으면 좋겠다고, 이 눈물 날 듯 울컥 찾아온 상상이 쓸데없는 작가 정신이었으면 좋겠다고 바라본다. 다시 돌아본 할머니의 뒷모습은 등짐 속에 묻혀 제대로 보이지도 않았다. 할머니가 무사히 이 산을 내려올 때엔 지금보다 훨씬 덜 외로웠으면 좋겠다.

캐롤라인과 존 왓슨의 유트리 농장

유트리 농장Yew Tree Farm은 한때 베아트릭스가 소유했던 농장이었고 지금은 캐롤라인과 존 왓슨 부부가 경영하고 있는 전문 농장이다. 허드윅 양과 돼지, 소를 키워 고기를 공급하는데 베아트릭스가 경영했던 그 당시 모습 그대로, 서두르지 않는 옛날 방식 그대로 우리에 가축을 가두지 않고 키우는 것을 모토로 삼고 있다. 작은 농장이기 때문에 많은 양을 공급하지는 않지만 해마다 실시하는 '가장 품질 좋은 고기를 공급하는 농장'으로 매번 선정되었고, 영국의 유명 요리사들이 가장 좋아하는 고품질의 고기를 공급하는 농장이기도 하다.

왓슨 부부의 농장 경영 철학은 돈보다는 나눔에 있다. 이들은 베아트릭스가 그렇게 살았듯이 좀 더 선량한 음식의 재료를 공급하고 싶어한다. 학대에 가까운 대량 생산을 위한 축산이 아니라 자연 속에서 스스로 자라게 하는 느린 축산법, 사료가 아니라 자연의 풀과 허브를 먹고 자라게 하는 자연 축산을 고집한다. 많이 벌기 위해서가 아니라 레이크 디스트릭트에서의 삶을 좀 더 즐기기 위해 농장을 계속 경영한다는 소신이 가득한 부부이기도 하다.

내가 찾아간 농장은 베아트릭스 시대에 지어진 돌 축사가 아직도 그대로 남아 있는 곳이다. 방목을 하는 탓에 양, 돼지, 소는 모두 밖으로 나가고 축사에 남아 있는 가축은 주변을 맴돌고 있는 닭들과 칠면조들뿐이다. '고기를 사려면 자동차 경적을 울리시오'라는 안내판이 주인을 대신해 낯선 관광객을 맞이한다. 한적한 농장에 한동안 서서 베아트릭스의 시간을 느끼고 있다. 갈수록 지난 시간을 찾게 되는 건 그리움 때문만은 아닌 것 같다. 분명 우리가 잃어버린 건강함이 거기에 있어서는 아닐지…….

 수선화를 사랑한 존 파킨슨

4월 초순의 레이크 디스트릭트는 수선화 천지다. 구근식물인 수선화가 씨를 날려 번졌을 리 없다. 한눈에도 사람들이 직접 손으로 심었다는 걸 알 수 있다. 집집 마당에 피어난 수선화는 둘째 치고, 마을 어귀에 들어서면 찻길에서부터 수선화가 먼저 반긴다. 수선화는 고대 그리스, 로마, 이집트 시대에도 사람들의 사랑을 받았다. 3월의 꽃, 수선화는 '희망', '부활', '조건 없는 사랑'의 상징이고, 남을 사랑하지 못한 채, 자신과 사랑에 빠져 물속의 자신 모습을 보다 죽고 만 신화 속의 미청년, 나르키소스Narcissos의 분신이다.

로마시대 병사들은 수선화 구근을 비상용으로 넣고 다녔다. 수선화에서 나오는 즙이 상처를 치유하는 데 효과가 있다는 설 때문이기도 하지만, 상처가 너무 깊어 회복이 불가능할 때 그들은 수선화 구근을 먹고 고통 없는 죽음을 택했다. 결론

적으로 수선화는 독성이 강하다. 알뿌리뿐만 아니라 꽃과 줄기의 즙에도 독이 있다. 지독하게 아름답지만 지독하게 자신만을 보호하는 식물이다.

영국이 수선화와 깊은 사랑에 빠진 건 16, 17세기 식물학자 존 파킨슨John Parkinson에 의해서다. 그리고 또 한 사람이 이곳 레이크 디스트릭 출신의 시인, 윌리엄 워즈워스다. 그의 시 〈수선화〉는 당시 영국 전체를 수선화에 대한 낭만으로 가득 차게 했고, 집집으로 수선화 알뿌리를 퍼 나르게 했다. 시인 로버트 헤릭Robert Herrick도 수선화 사랑이 극진했다. 그런데 시적 낭만 때문만은 아니다. 수선화는 깊은 산속에 피어나는 꽃이다. 빛이 많지 않아도, 습기가 많고 추위도 꽃을 잘 피운다. 이 축축한 영국에 딱 맞아떨어지는 식물일 수밖에 없다. 그러니 영국과 수선화 둘이 서로를 사랑할 수밖에 없는 셈이다.

베아트릭스를 지켜준 윌리엄 힐리스

호크스헤드 마을에 있는 베아트릭스 갤러리엔 아직도 그녀와 그녀의 남편이 남긴 유품이 남아 있다. 원래 이곳은 훗날 베아트릭스의 남편이 된 변호사, 윌리엄 힐리스William Heelis의 사무실이었다. 윌리엄은 베아트릭스보다 다섯 살 연하였고, 수줍음이 많고 과묵했던 사람이었다. 그는 레이크 디스트릭트에서 나고 자란 사람으로 이곳을 있는 그대로 지키고 싶어하는 환경운동가이기도 했다. 이들의 만남은 베아트릭스가 농장을 구입하는 데 법률 자문을 얻기 위해 윌리엄을 찾아가면서 시작됐고, 10년이 넘는 세월 동안 동지로 서로를 알아간다. 그리고 둘은 나이 마흔을 넘긴 뒤에야 결혼에 이르게 된다.

베아트릭스가 편견이 심한 시골 민심을 극복하고 여성 최초의 농장경영자로, 또 양 사육사로 협회의 회장까지 역임하게 된 데는 윌리엄의 영향이 무엇보다 컸다. 윌리엄은 베아트릭스가 동화작가로서만이 아니라 뛰어난 사업가의 기질을 지녔다는 걸 잘 알고 있었다. 그는 베아트릭스가 축산인으로 탁월한 농장 경영을 이끌어낼 수 있도록 그림자 같은 내조를 했다. 둘 사이에는 자식이 없었다. 베아트릭스가 먼저 세상을 떠난 뒤, 윌리엄은 아내의 유언을 받아들여 자신의 생전에 모든 재산을 내셔널 트러스트에 기부했다.

윌리엄 힐리스. 자신의 이름보다는 베아트릭스의 남편으로 더 많이 살았을 그였지만 어쩌면 베아트릭스를 만들어낸 사람이 윌리엄이 아니었을까, 생각할수록 그녀의 남편이기 전에 참 멋있는 남자였다는 생각이 든다.

레이크 디스트릭트에서 아름다운 유년시절을 보낸 포터.
그녀는 세상을 떠난 뒤에도 이곳의 자연이 영원히 훼손되지 않도록 했다.
그 마음결을 따라, 하늘빛, 풀빛이 어우러진 아름다운 풍광이 펼쳐진다

제 6 장

자연의 드라마

꿈을 잇는 레이크 디스트릭트

지도를 놓고 보면 레이크 디스트릭트는 잉글랜드의 북쪽 끝 스코틀랜드와 오히려 더 가깝다. 레이크 디스트릭트라는 지명은 우리 식으로는 전라도, 경상도와 같은 도의 개념으로 이 안에 제법 큰 도시와 작은 마을들이 많다. 남산에 묻었다는 타임캡슐을 수천 배쯤 튀겨서 그 안에 레이크 디스트릭트를 담아놓았다는 표현이 어쩌면 적당할지도 모른다.

레이크 디스트릭트의 매력은 자연이 연출한 스펙타클한 드라마에 있다. 이 지역은 지리적으로 격변이 많아서 여러 번의 빙하기와 해빙기를 맞으며 지금의 산과 호수가 생겨났다. 만년 전, 마지막 빙하기에 이곳의 대부분은 900미터가 넘는 얼음 밑이었다. 그리고 해빙기가 찾아왔을 때, 900미터의 얼음이 녹아 바다로 빠져나가며 산을 깎아 U자형 계곡을 만들었고, 지대가 낮아서 못 빠져나간 물들이 그대로 남아 호수가 됐다. 그 자연의 역사 덕분에 레이크 디스트릭트는 해발 800미터가 넘는 산이 서른다섯 개, 대형 호수만 해도 열네 개에 수도 없는 작은 산지호수를 지닌 자연의 보고寶庫가 됐다. 하지만 지금의 레이크 디스트릭트가 자연을 타임캡슐에 담듯 그대로 보존할 수 있었던 건, 100년 전쯤의 이곳에서 치러졌던 치열한 환경보호 전쟁 때문이다. 레이크 디스트릭트 출신 혹은 이곳을 사랑했던 시인, 작가, 변호사, 정치가들은 레이크 디스트릭트의 자연을 지키자는 환경보호 운동을 시작했다. 자연을 극복할 대상이라고만 생각하던 사람들에게 자연보호, 환경보호라는 발상은 용어 자체만으로도 생소했을 것이다. 그러나 그때 그들이 바라던 꿈이 이뤄져 지금의 레이크 디스트릭트가 보존되고 있는 셈이다. 100년 전 선조가 아름답게 꿈꾸었던 그 꿈을 100년 후 후손들이 누리고 있는 이곳이 바로 레이크 디트스릭트다.

만 년 전 이곳으로 빙하가 흘러갔고 그 자리에 거대한
U자 협곡이 남았다. 빙하는 산과 거기에 자라는 나무, 풀, 꽃들도
남김없이 쓸어 민둥산을 만들었다

자연에 몸을 담근다

꽁꽁 숨어 있는 작은 마을을 사람들은 귀신같이 잘도 찾아낸다. 호수의 마을, 버터미어Buttermere. 그곳으로 갈 수 있는 길은 하나뿐이다. B5292도로. B도로는 우리 식으로 구별을 하자면 지방도로로, 좁고 구불거린다. 북서쪽의 큰 도시 코크마우스Cokemouth 쪽에서 오자면 B5289도로를 타다가 남쪽으로 갈라지는 B5292를 타면 되고, 동쪽에서 가려면 도시 케스윅Keswick에서는 반대 방향의 B5289도로로 접어들면 된다. 그런데 어디에서 온다고 해도, 동쪽에서는 호니스터 패스 Honister Pass를 넘고, 북서쪽에서라면 또 다른 호수 크럼목 워터Crummock Water를 지나야 하는 험한 길이다. 그런데 이 작고 외진 마을에 의외로 여행객이 많다. 자세히 보면 여행객들이 아니라 캠핑과 등산을 즐기려는 사람들이다. 이들은 복장부터 여행객들과는 달라서 등산복과 두터운 등산화 차림에 등에는 머리 위까지 올라서는 무거운 배낭이 짊어져 있다. 이 작은 마을에 사람이 생각보다 많이 웅성거렸던 건 바로 캠핑과 카약을 즐기는 사람들의 베이스캠프가 이곳이기 때문이었다.

오후 6시를 향해 가는 시간, 버터미어는 산과 호수에서 귀가한 사람들로 북적였다. 이들은 하루 종일 산을 종주하고, 노를 저어 호수를 종단한 뒤, 노곤한 몸을 누일 수 있는 잠자리를 마련하는 중이었다. 개울 뒤 잔디 위에 텐트를 치는 무리는 이제 갓 대학생이나 되었을 법한 젊은이들 대여섯 명으로, 경험 많은 조장의 지시로 재빠르게 텐트를 쳐갔다. 하늘을 보니 비가 올 기세는 없어 보여 안심이다. 까만 어둠이 찾아오면 셀 수도 없는 별을 헤아리다 잠이 들 그들의 얼굴이 떠오른다.

주변 산을 둘러보니 아직 하산을 하지 않은 사람들이 거대한 초록 산에 깨알처럼 박혀 있다. 가파른 산길을 한 걸음 한

걸음씩 무겁게 떼고 있을 그들일 것이다. 듬직하게 무엇에도 끄떡없는 산은 자신을 딛고 서 있는 인간의 무게가 간지럽지도 않을 것 같다. 레이크 디스트릭트에서 사람들은 여행이 아니라 경험을 한다. 풍경 위에 내 모습 한 장, 사진으로 박아두고 뒤도 안 돌아보고 가버리는 여행이 아니라 목욕물에 몸을 담그듯 자연 속에 자신을 푹 담근다.

마을길에서 차를 돌담에 처박다

 길이 좁다. 왕복 2차선이라도 되는 길은 그래도 반갑다. 모서리를 돌 때면 느닷없이 튀어나오는 맞은편 차량이 있을까 저절로 움츠러든다. 길이 좁은 건 마차 다니던 그 시절의 도로를 전혀 넓히지 않아서다. 아무리 환경보호에 투철한 레이크 디스트릭트라고 해도 수입원의 대부분은 역시 관광이다. 때문에 관광객을 좀 더 유치하기 위해 우리 식으로 하자면 우선 길부터 닦아야 맞다. 그런데 레이크 디스트릭트는 어딜 다녀봐도 길을 넓힌 흔적도, 넓히려고 하는 공사 현장도 찾아볼 수가 없다.

 다니는 내내 좁은 도로가 영 불안했는데 결국 일주일 만에 앰블사이드 시내 좁은 길에서 마주 오는 차를 비켜주다 차 뒤꽁무니를 돌담에 박았다. 돌담은 멀쩡한데 아스팔트에 넘어져 살이 까져버린 것처럼 자동차 페인트가 줄 맞춰 시커멓게 일어나버렸다. '에이, 그러게 좀 길 좀 넓혀놓지' 불쑥 화가 난다. 하지만 좁은 길을 넓히고, 오래된 건물을 새 단장 시켜 현대적으로 만들었다면 지금의 레이크 디스트릭트는 없었을 게다.

레이크 디스트릭트는 이상한 고객 유치를 한다. '불편하니 제발 많이 오지 마세요'라고 말이다. 건물을 더 이상 짓지 못하게 하는 것도, 숙박업소를 늘려주지 않는 것도, 길을 넓히지 않는 것도 같은 뜻이다. 그래서 철저한 예약제가 이뤄지고, 올 수 있는 인원만이 왔다가 조용히 즐기고 간다. 그런데 이 불편함이 무척 편하다는 걸 머문 지 며칠 만에 알아차렸다. 황금 휴가철인데도 차 밀리는 일이 없었다. 주말이면 줄을 서서 산을 올라야 하는 도봉산, 북한산의 정체는 상상하기도 힘들다. 레스토랑이 별로 없으니 예약을 못하면 집에서 조용히 스파게티 삶아 먹는 게 좋다. 화장실 시설도 턱없이 모자라 웬만하면 참고 휴게소를 잘 이용해서 볼일 보고 다녀야 한다. 노래 부르고 떠들고 술 마시는 일을 했다가는 경찰이 오기도 전에 주변 사람들한테 몰매 맞을 분위기다. 너무 불편한데, 신기하게도 맘이 편하다. 참 불편해서 멋지게 편한 곳이다.

마차가 다니던 길을 넓히지 않아 좁지만, 백여 년 전 모습 그대로를 간직한
레이크 디스트릭트의 옛길. 오래된 건물, 돌담 사이로 오가다 보면
몽환적인 시간 여행에 빠지게 된다

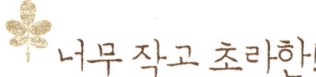
너무 작고 초라한!

　버터미어 마을을 가기 위해 올라왔던 호니스터 패스를 이제 내려가는 중이다. 해발 356미터의 산꼭대기엔 호니스터 슬레이트 광산 Honister Slate Mine이 아직도 300년 넘게 운영 중이다. 300년을 캐냈는데도 아직도 캐어낼 것이 남아 있는 이 산이 더 놀랍다.

　차는 올라올 때도 힘들었지만 내려갈 때도 25도나 되는 경사가 힘이 부친다. 가파른 내리막 산길은 기아를 2단으로 놓아도 브레이크에서 발을 놓으면 엔진 과열 소리와 함께 속도가 붙어 긴장을 늦출 수 없어 등줄기로 땀이 흐르게 한다. 잠시 계곡 옆에 차를 세우고 계곡의 맑은 물에 손을 담궜다 차로 다시 돌아오는데 문득 아득한 풍경 앞에 그대로 멈춰 설 수밖에 없었다. 정상을 향해 오르고 있을 땐 볼 수 없었던 내가 지고 온 풍경이 내 앞에 장엄하게, 상상할 수 없는 덩치의 거대한 산이

병풍처럼 펼쳐져 있다. 이 산을 오를 땐 여기만 오르면 된다고 생각했는데 내가 오른 산은 고작 이 즐비한 첩첩산중의 하나일 뿐이었다.

'너무 작고 초라한!' 이 지구에 기가 눌리는 걸 어쩔 수 없다. 이 산에 흩어져 있는 바위보다 더 작은 나다. 이런 내가 왜 지구를 다 짊어질 듯한 걱정으로 이 짧은 삶을 살고 있는 것인지, 생각해보면 참 어리석고 어리석다.

깊은 초록빛의 에라 포스 폭포

주차장에 도착했을 때, 안내소가 재미났다. 건물이 아니고 내셔널 트러스트의 이동차량 안내소였다. 에라 포스는 전체가 내셔널 트러스트의 재산이다. 이들이 하는 일은 화장실, 주차장, 찻집을 제공해주고 최대한 훼손 없이 대대손손 이 경관이 보호되도록 관리한다.

폭포를 찾아가는 길. 느긋한 발걸음이 한 시간쯤 계속됐을 때 드디어 물소리가 커졌다. 가파른 계단을 올라서니 드디어 폭포다. 그런데 이 폭포와 계곡은 우리나라와 참 많이 닮았다. 나무가 많아 계곡이 깊고 시원하다. 영국 생활 동안 내 향수병은 산에 대한 그리움으로 찾아왔다. 특히 가을이면 그 병이 깊어져 딱 한 번 가본 내장산의 단풍이, 설악산 대청봉의 가을이 너무 그리웠다. 그 그리움이 내 발목을 잡았을까? 폭포만 보고 돌아가자 했던 맘을 바꿔 산을 좀 더 오르기로 했다. 그런데 폭

옛 모습을 그대로 간직한
에라 포스 폭포 앞에서
떠나온 곳을 떠올려본다

포를 지난 뒤 풍경이 다시 레이크 디스트릭트다워진다. 민둥산에 풀들만 가득하다. 두 시간쯤 등반이랄 것도 없는 산을 걸으니 돌로 지어진 농장이 보인다. 회색의 돌은 이미 초록 이끼와 알록달록한 라이컨 Lichen, 바위의 표면이나 나무줄기 등에 자라는 이끼의 일종이 가득 차서 인간이 지은 집처럼 보이지 않고, 원래 그 자리에 있었던 자연인 듯하다. 산으로 가던 발걸음이 자석에 끌리듯 농장으로 빠져나간다. 헛간 앞, 햇살이 가득한 곳에 농장 주인으로 보이는 할아버지 한 분이 앉아서 농기구를 닦고 있다. 찾아가 잠시 길을 물으니 농장을 끼고 왼쪽으로 돌아 계속 내려가면 출발했던 주차장으로 돌아갈 수 있다고 한다. 이미 많은 이들이 이 농장에서 길을 물었던 듯, 대답이 짧지만 상세하고 정확하다.

농장 앞에 주인의 솜씨로 만들어진 듯 보이는 암석정원

Rock Garden에 수선화가 한창이다. 이건 정원 디자인을 배우겠다고 6년간 책과 컴퓨터에 파묻혀 살았던 나보다 농부의 감각이 한 수 위다. 책으로 배운 것이 아니라 자연으로부터 저절로 터득한 감각이기 때문일 것이다.

호수를 품은 리틀 랑데일, 그레이트 랑데일

리틀 랑데일이 있으니 빅 랑데일도 있지 않을까 싶었는데 짐작이 맞았다. 그레이트 랑데일은 이름 그대로 리틀 랑데일의 북쪽에 더 크고 깊게 자리하고 있었다. 딸과 친구는 도착한 다음 날, 그레이트 랑데일 중에 페이비 아크 산, 해리슨 스티클, 파이크 오브 스티클 산을 오를 거라고 했다. 녀석들은 나를 방해하지 않고 자기들끼리 다녀오겠다는 걸 내가 길을 따라나섰다.

딸의 친구 데이비드의 안내로 우리는 그레이트 랑데일의 남쪽, 던전 그릴 호텔에 주차를 했다. 길 건너 내셔널 트러스트 공용 주차장이 있었는데 호텔 주차장에 주차하면 1파운드 할인에 음식 값도 10퍼센트 깎아준다기에 차를 이동시켰다.

지도상의 길은 너무 단순해서 이정표를 세울 필요도 없을 정도다. 하지만 길은 간단해도 경사가 가팔라 오르는 일이 보는 것만큼 쉽지 않았다. 북쪽으로 계곡 물길을 따라 1시간 반

가량 오르니 드디어 스티클 타른Stickle Tarn 호수가 나타났다. 우리가 따라온 계곡의 물이 바로 이 호수에서 시작된 것이었다. 잠시 호수 위의 돌에 앉아 땀을 식혔다. 갑자기 가보지도 못한 백두산 천지의 풍경이 떠올랐다. 백두산 천지가 꼭 이런 모양이지 않을까 싶어진다.

암벽등반의 길, 잭스 레이크

페이비 아크 꼭대기로 갈 수 있는 길 중, 가장 짧지만 위험한 암벽등반의 길, 잭스 레이크Jack's Rake의 깊은 골에 서 있다. 등에 건 카메라가 걸릴 정도로 좁은 골에 끼인 채, 후들거리는 다리를 진정시키고 있었다. 발아래 까마득히 호수가 보이고 어쩌다 고개를 들어올리면 그 가파름에 현기증이 날 정도였다.

이 좁은 골을 빠져나가려면 위로 올라서야 하는데 다리를 아무리 쭉 뻗어보아도 길이가 안 나온다. 보통은 짚고 일어설 턱은 있게 마련인데 이 마지막 바위는 정말 아무것도 없다. 옆 바위를 등으로 힘껏 밀어 지탱하는 힘으로 바위를 타야 할 것 같다. 그런데 자신이 없다. 이러다 미끄러지면 어쩌나. 게다가 카메라가 걸려서 등에 힘을 주는 일도 수월치가 않다.

결국 두려움에 내 앞에서 나만큼이나 헤매고 있는 파트너를 챙기고 있는 백인 남자에게 염치없이 소리쳤다. "Help me!" 도와주러 달려온 아저씨에게 나는 카메라를 받아달라고 했다. 그는 내 카메라를 받아준 뒤, 손을 내밀어 힘껏 날 끌어올려주었다. 10분 뒤, 난 무사히 절벽에서 굴러떨어지지 않고 잭스 레이크 등반 코스를 통과해 페이비 아크 정상에 올라서 있었다.

산악회 회원일 때 도봉산 인수봉을 몇 번 오른 적이 있었지만 그때는 남편이 늘 함께했었다. 정상에 도착해 스마트폰으로 한국에 있는 남편에게 문자메시지를 넣었다. '나, 죽을 뻔했어.' 큰아이 생일이라고 밥 사주고 있다던 남편이 무슨 일인가 싶어 전화를 걸었지만 전화 상태가 좋지 않아 "여보세요? 여보세요?"라고 불러대는 남편 목소리를 두세 번 듣고 전화가 끊겼다.

정상에 서서 꼭대기를 올랐다는 기쁨보다는 왜 이러고 사나 싶어졌다. 난 왜 이 가파른 절벽을 기어오른 건지, 편한 길

놔두고 남들은 잘 가지도 않는 고생길을 매번 택하며 사는 건지. 오늘 한 짓이 꼭 나 사는 꼴과 너무 닮아서 나한테 참 많이 미안해졌다.

가파른 잭스 레이크의 암벽등반은 말 그대로 하나의 도전이다.
좁은 골에 끼인 채 절벽 위에 서면 까마득히 하늘 아래 세상이 내려다보인다

느린 산책자의 길, A592도로

A592도로는 윈드미어 호수의 가장 남쪽 끝, 뉴비 브리지 Newby Bridge 마을에서 시작돼 레이크 디스트릭트의 가장 큰 호수, 윈드미어를 서쪽으로 두고 달린다. 이어 총 길이 55킬로미터의 A592도로는 454미터의 고개 커크스톤 패스를 지나 다시 울스워터 호숫가로 이어지다, 북동쪽의 큰 도시 펜리스 Penrith에서 끝난다. 그러나 커크스톤 패스의 고갯길은 겨울엔 도로 사정으로 폐쇄되는 일이 많기 때문에 봄에서 여름까지가 A592도로를 즐길 수 있는 좋은 시간이다. A도로라 우리 식으로는 제법 너른 국도에 해당하지만 그리 넓지는 않다. 최고 속도 60마일(90킬로미터)을 낼 수 있지만 나뿐만 아니라 다른 차들 역시 시키지 않아도 주변 경관에 취해 자연스럽게 속도가 줄어든다.

남쪽 윈드미어에서 시작한 A592도로 위로 내리는 햇살이 좋아서인지, 윈드미어 호수가 눈이 부시게 반짝거린다. 전날 비바람에 짙은 회색으로 잔뜩 화를 내던 풍경과는 사뭇 다르다. 호수의 빛깔은 시간마다, 비치는 햇살에 따라 그 색깔과 모양이 달라진다. 그래서 사소한 일에 일희일비하는 우리 삶과 닮아 있다는 생각도 든다. 북으로 접어든 도로는 커크스톤 패스로 접어든다. 이제 산속 길은 툭툭거리는 말투의 남정네처럼 무뚝뚝해지고 있는 것이 보인다. 하지만 호수가 부드럽게 잔물결 일렁이면서도 깊은 속을 감추고 더 깊게는 속을 들여다보지 말라고 경계를 둬도 산은 그 안으로 비집고 들어오는 우리를 거부하지 않고 자신의 장腸을 통과해도 좋다고 말해주는 듯싶다. 구불거리는 산길을 달리는 것이 꼭 그 깊은 속을 지나가는 듯하다.

    인간의 문명은 길을 만들며 시작됐다. 그런데 우리 손안의 손금처럼 길은 우리가 만든 것이 아니라 원래부터 거기에 있었던 길을 우리가 찾아내 이름 붙였을 뿐이다. 그래서 길은 찾아가는 것이 아니라 따라가는 것일지도 모른다.

산길 따라 커크스톤 패스

경사가 아주 가파르지는 않다. 그런데 길이 참 규칙도 없이 구불거린다. 산을 깎거나 다듬지 않고 산길을 따라 낸, 수백 년 전 마차가 다녔던 길이다. 길 옆으로 돌담이 쌓여져 있다. 이 길고 긴 돌담을 쌓은 건 농부들이었다. 농부들은 양을 키울 자신의 땅에 경계를 두기 위해 돌담을 쌓았다. 그게 지금까지 남아 자동차가 다니는 길이 되었다. 마차가 다녔을 당시나 자동차가 다니는 지금이나 길의 폭은 그리 달라진 게 없어 보인다. 뜨문뜨문 맞은편에서 달려오는 차를 피해 교행 섬에 잠시 선다.

나무 한 그루 없는 산은 거대한 몸체를 드러내고 360도 한 바퀴를 돌아도 시야엔 온통 산뿐이다. 남쪽에서 A592도로를 타고 들어와 커크스톤 패스Kirkstone Pass 가는 길이라는 팻말을 본 지 20분 만에 집 한 채를 발견했다. 커크스톤 인Kirkstone Inn으로, 일반 주거지가 아니라 숙박과 음식을 제공해주는 여인숙이다. 이미 15세기 수도사들이 써놓은 기록에 커크스톤 패스 정상에 있는 여인숙에서 하루를 묵고 갔다는 기록이 남아 있다고 하니 그 역사가 600년은 거슬러 올라간다. 지금도 이곳 커크스톤 인은 영국에서 가장 높은 곳에 자리한 여인숙이기도 하다.

커크스톤은 'Kirk'라는 노르웨이 말에서 나온 것으로 '교회Church'라는 뜻이다. 정상 휴게소에서 멀지 않은 곳에 자리한 큰 바위 하나가 멀리서 보면 그 실루엣이 딱 교회의 모습이어서 붙여진 이름이다. 커크스톤 인이 마련해둔 주차장에 차를 세우고 화장실을 다녀왔다. 그냥 나오기 미안해 화장실 사용료라고 생각하고 홍차 한 잔을 주문해 밖으로 나와 90도 각도로 눈앞을 가로막는 산을 바라보며 한 모금씩 마셔본다. 옆 테이블에 사람들이 제법 많다. 모두 혼자가 아닌 일행과 함께라서

나 혼자 외로워진다. 이럴 땐 누가 옆에 있어도 좋을 듯하다.

내려오는 길에 마침 교회의 실루엣을 닮았다는 그 바위를 얼핏 보았다. 아닌 게 아니라 정말 윤곽만 보면 삼각지붕을 하고 있는 교회다. 전 세계 어디든 마을 이름, 산, 계곡 이름엔 이야기가 숨어 있다. 아마도 돌투성이의 거친 산을 넘다 만난 교회를 닮은 이 바위는 사람들에게 위안을 줬을 게 분명하다. 그곳에 서서 누군가는 기도를 올렸을 것도 같다.

고갯길을 오르내리는 자동차들이 이내 속도를 줄인다.
주변의 초원과 절벽, 암석이 빚은 풍경에 절로 멈춰서 천천히
이 풍경에 젖어들기 때문이다

나무 심는 사람들

 레이크 디스트릭트의 산은 우리가 상상하는 산과는 조금 다르다. 꼭대기 부분은 암석이고, 그 밑으로 산성이 강해 나무는 자랄 수 없어 헤더Heather나 양치류Bracken 식물만이 겨우 자라는 황야Moorland가 있고, 산 아래에 가서야 참나무 군락지와 침엽수림이 나타난다. 그런데 이 침엽수림은 자연이 아니라 인간이 벌목을 목적으로 심는 나무 농경지다. 빙하기가 오기 전 이곳은 열대기후 속에 다양한 식물군이 가득했던 곳이었다. 그러나 빙하기에 모든 식물이 죽었고 빙하가 녹으면서 식물을 키워야 할 흙마저 쓸고 나간 탓에 거대한 암석 덩어리만이 남겨졌다. 그리고 사람들은 아무것도 자랄 수 없는 이 땅에서 다시 새로운 삶을 시작해야 했다.

 나무가 자랄 수 없는 산을 지닌 채 만 년을 살아온 사람들이 가장 먼저 터득한 것은 나무가 저절로 산에서 자라주지 않는다는 진실이었다. 그래서 이들은 나무를 베어 쓰는 일보다 나무를 심는 일을 먼저 배우기 시작했다. 그러나 비옥한 흙이 아닌 암석 덩어리의 땅에 나무를 키우는 건 쉬운 일이 아니어서 이들은 만 년이 넘는 세월 동안 흙을 돌보는 방법, 그 흙 위에 나무를 심는 방법을 터득하며 살았다. 지금은 '오래된 숲 Ancient Forest'이라고 불리는 산림도 실은 자연 그대로가 아니라 수천 년 전 인간이 이렇게 심었을 나무숲이라 짐작한다. 모든 것이 풍요로웠던 우리가 산에 의지해 나무를 베어 쓰는 일에 열중하고 있을 때, 이들은 산에 나무를 심으며 살았고, 그게 지금의 영국을 자생종의 열 배가 넘는 식물을 보유한 나라로 성장시켰을지도 모른다.

달리는 차 안. 앞 유리 가득 들어오는 온통 초록의 풍경에는 삼각형으로 하늘로 솟아오른 침엽수가 빽빽하다. 침엽수가 뿜어내는 신선한 기운이 열어놓은 차창으로 맘껏 들어온다. 이 우거짐도 실은 인간이 벌목을 위해 심어놓은 인간의 숲이다. 깊은 숨을 들이쉬어본다. 인간이 만든 숲이 이 떠다니는 공기마저 어떻게 바꿔놓았는지, 그 아름다운 노력이 폐 속까지 깊게 들어온다.

레이크 디스트릭트 곳곳에서는 울창한 숲을 가꾸기 위한
이들의 노력을 엿볼 수 있다. 척박한 암석 덩어리 위에
나무를 심은 이들의 절절한 마음이 고스란히 전해진다

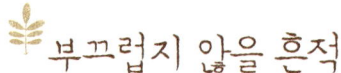
부끄럽지 않을 흔적

큰 언덕이 연이어 펼쳐지는 산맥을 뜻하는 '펠스Fells', 폭포를 뜻하는 '포스Force', 호수라는 말의 '미어Mere'. 영어 사전에서도 찾기 힘든 이 낯선 레이크 디스트릭트의 용어는 오래된 노르웨이 말이다. 레이크 디스트릭트가 노르웨이 말을 간직하고 있는 건 한때 이곳이 바이킹들이 살았던 지역이기 때문이다. 바이킹에 의해 점령당했던 때가 8세기경의 일이고, 300년 넘게 이곳에서 살던 노르웨이 인들은 다시 11세기경부터 시작된 끊임없는 노르만 족의 침략으로 결국 이곳에서의 터전을 잃는다. 우리나라 역사로 보면 통일신라시대 즈음의 일들이다. 생각해 보면 아주 오래전 일이다. 그때가 언제인데 아직도 그 뿌리에 노르웨이 말의 흔적이 여전히 남아 있다. 누군가 역사는 흐른다고 말했지만 역사는 흐르는 것이 아니라 쌓이는 것일지도 모른다. 시간과 공간 속에 쌓인 우리의 역사가 흙 속에, 숨 쉬는 공기와 물속에 그대로 살아 있다.

정원과 조경은 땅이 지니고 있는 존재성Identity을 먼저 생각한다. 그건 땅이 지닌 역사를 알아가는 일이면서 잠시 이곳에서 살다 떠나야 할 우리가 후손에게 주는 배려이기도 하다. 적어도 지금의 내가 남긴 흔적이 후손들이 부끄러워할 짐이 되지 않기를 바란다.

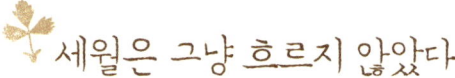# 세월은 그냥 흐르지 않았다

　흐르는 시냇물에 손을 담가본다. 이 시냇물은 얼마나 많은 시간 동안 이렇게 흘러갔을까? 내가 앉아 있는 이 개울가에 나와 똑같이 손을 담근 이가 얼마나 더 있었을까? 나는 어떤 인연으로 지구를 반 바퀴나 돌아야 하는 이 먼 곳까지 찾아와 이 작은 시냇물에 손을 담그고 있는 것일까?

　사람이 머문 장소에는 그 사람의 맘이 남아 그가 떠난 뒤에도 오랫동안 그 사람의 에너지가 흐른다. 그래서 치열했던 미움의 장소에서는 다 지나간 일인데도 알 수 없는 슬픔이, 기원의 장소에서는 아린 그리움이, 고통이 가득했을 곳에서는 서글픈 아픔이 남아 그곳에 서 있는 사람의 맘을 찌른다.

　여행은 누군가를 만나기 위해 떠나기도 하지만 누군가 머물렀던 그 장소에 나를 담아보기 위해 떠나는 건지도 모르겠다. 시간이 우릴 서로 어긋나게 해도 누군가가 앉아 있었을 그 공간 속에 나를 담아놓아 그리운 이가 내게 말을 건넬 거라 믿으며 가만히 기다려본다.

    손가락 사이를 간지럽게 훑고 흘러가는 냇물이 너무 차갑지도 뜨뜻하지도 않다. 스쳐 가는 물이 내게 어쩌다 여기까지 왔느냐고 묻지 않고, 이제야 왔느냐고 반갑게 맞아주는 듯하다. 세월이 그냥 흘렀던 것은 결코 아닌가 보다. 어쩌면 수십 년 전, 지금은 잊었지만 내가 간절하게 외쳤던 소원이 사라지지 않고 허공 속에 에너지를 모아 지금의 나를 여기, 이 개울에 앉아 있도록 만들었음이 분명하다. 인연은 그 인연으로 또 다른 인연을 만들어내는 것이니 분명 내가 여기까지 올 수밖에 없었던 어떤 이유와 인연이 나를 그 무엇으로 또 흘러가게 할 것이다. 그래서 시간이 좀 더 흘러야 내가 지금 이 냇가에 앉아서 이 시냇물에 손을 담갔던 이유를 알게 될 것 같다.

이곳에는 시간과 공간 속에 쌓인
우리가 살아가는 이야기가
흙 속에, 공기에, 물속에 그대로 살아 있다.
켜켜이 쌓여가는 그 시간 속에 우리는
살고 사랑하고 떠나가는 것이 아닐까

Epilogue

… 그리고

　사랑하는 연인의 맘은 변할 수 있어도 부모님의 맘은 변하지 않는다. 진작 알았으면 그렇게 속 썩이는 일 없었을 텐데 그분들 이미 세상 떠나고, 내 아이들을 키우면서 그걸 속 아프게 알아간다. 그래서 세상엔 못다 한 효도에 대한 미련과 후회가 그렇게 많이도 굴러다니나 보다. 난 이제 종종 그분들을 잊고 지낸다. 하지만 문득 내 삶의 순간순간마다 누군가 아직도 날 많이 사랑해주고 있다는 따뜻함을 느낀다. 어쩜 그게 아직도 내 곁에 머물고 있는 그분들의 사랑일지도 모르겠다. 그걸 뜬금없는 영국의 북서쪽, 레이크 디스트릭트의 자연 속에서 찾게 될 줄 몰랐다.

　인간에게 자연은 부모님일지도 모른다. 시간이 흘러도 변치 않고 그 자리에 있을, 아무리 떼를 쓰고 말썽을 부리다 돌아와도 받아줄 것 같은 부모님의 맘, 그게 자연 안에 있는 듯하다. 앞으로도 세상은 더욱 숨 가쁘게 변하고, 그 변화 속에 지금의 우리도 흔적 없이 사라지겠지만 그래도 어쩌면 이 레이크 디스트릭트를 지키려고 했던 그 맘이 지금의 레이크 디스트릭트를 보여주고 있듯이 우리도 그럴 수 있지 않을까 싶다. 소중한 것들을 아주아주 오래도록 내 딸들이, 내 딸들의 딸들이 함께할 수 있을 것이라고.

착한 날씨, 착한 정원

날씨가 착했다. 너무 덥지도 춥지도 않게. 잠시 더웠던 한낮은 저녁이 되면 다시 선선함으로 몸에 쌓인 더위를 내려주었다. 지난 2주 동안 레이크 디스트릭트의 날씨는 고맙게도 참 착했다. 생각해보면 언제부터인가 우리는 착한 날씨를 잃어가고

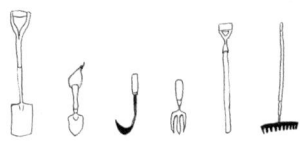

있다. 가뭄, 홍수, 태풍, 땡볕 더위, 맹렬한 추위. 날씨가 험악해지고 고약해져 1년 어느 한 계절 맘이 편하질 않다. 날씨가 우리를 닮아가는지, 날씨를 우리가 닮아가는 것인지, 지독한 것들이 세상의 최고가 되는 이 세상도 우릴 참 힘들게 한다. 그래서 정원만큼은 착했으면 좋겠다. 모나지 않고, 너무 화려하지 않은 착한 디자인이 정원을 좀 더 착하게 만들고, 그 착한 정원이 사람의 맘을 착하게 쉴 수 있게 해주었으면 좋겠다. 그래서 이 세상이, 우리가 살고 있는 삶이 조금은 이 착함으로 위로 받고 싶다.

손톱을 깎는다

2주간의 휴가가 끝났다. 북으로 향했던 길보다 남으로 가는 길이 이상하게 더 힘이 든다. 운전석 쪽으로 들이치는 햇살에 노곤함이 밀려들어 졸음이 쏟아진다. 졸음에 밀려 네 번이나 휴게소에서 옅은 선잠을 청했다.

나무 한 그루 서 있는 곳에 겨우 차를 밀어 넣고 의자를 젖혀 누워 잠을 청해본다. 뭔가 몸을 답답하게 만드는 건 무엇 때문일까. 실은 길게 자란 손톱이 며칠 전부터 자꾸 온 몸의 신경을 둔하게 만들고 있었다. 일주일은 그래도 견딜 만했는데 두 번째 주에 접어들면서 손톱이 길어지고 있다는 게 느껴졌다. 손톱깎이를 챙겼어야 했는데 그것까지는 생각 못했다. 집에 도착하면 손톱부터 자를 참이다.

이 휴게소의 단잠을 깨고 나면 지난 2주간의 시간이 꿈처럼 날아가버릴 것이다. 딱 손톱을 한 번 잘라줄 정도의 짧은 시간이었다. 마흔다섯의 나이에 내가 나에겐 준 2주간의 휴가. 이 휴가가 소중해서 다른 날들이 지옥처럼 날 괴롭혀도 참아볼 만

하겠다. 미안했지만 고마운 휴가, 레이크 디스트릭트와 그간 나를 지탱하게 해준 가족이 내게 준 선물이다.

·· 레이크 디스트릭트 산책 ··

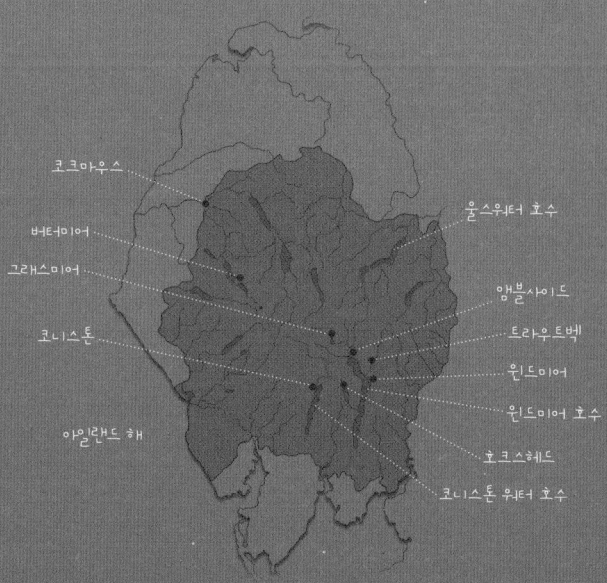

산 너머 마을, 버터미어

점심 먹고 이름이 재미있어 보이는 버터미어Buttermere 마을로 향했다. 그런데 가는 길에 산 하나를 넘었다. 그것도 그냥 산이 아닌 한계령은 족히 되고도 남을 산이었다. 수동으로 기어를 바꿔줘야 하는 차는 오르막길에 탄력을 잃은 채 털털거리고, '이러다 차가 멈추는 건 아닐까' 하는 생각이 들었다. '사전 준비 없는 여행'이 가끔 날 긴장시키는 순간이 바로 이런 때이다. 가파른 산을 겨우 넘으니 내비게이션이 이곳이 목적지라고 말한다. 그러고 보니, 버터미어라는 간판도 보이고 제대로 찾아왔다. 산 중턱에 있는 교회 마당에 차를 세우고, 마을로 내려오는 길. 아이스크림을 판다고 써놓은 간판이 보인다. 지갑 챙기러 다시 차로 올라갔다 내려왔는데 바로 눈앞에서 가게 점원이 문을 닫는다. 5시까지만 한다는데 딱 5시 5분에 도착했다! 아이스크림도 못 먹고 마을을 터벅터벅 돌았다.

    마을 전체에 소 울음소리가 쩌렁쩌렁하다. 소가 많으니 우

유가 많을 테고, 그 우유로 버터를 만들어서 마을 이름이 버터미어인가? 집에 돌아와 마을 이름의 유래를 찾아보니 'The lake by the dairy pastures' 축산을 목적으로 하는 목초지 호수라는 의미였다. 목초지에 소와 양을 키워 축산을 했을 테니 내 짐작이 맞은 셈이다. 또 다른 설로는 9세기경에 이곳에 정착했던 노르웨이 인들이 10세기에서 12세기까지 노르만족 Norman과 싸워 항쟁을 했는데 그때 항쟁을 이끌었던 노르웨이 사람의 이름이 버쳐Buthar로, 그의 이름을 따 '버쳐의 호수'라는 뜻으로 버터미어가 됐다고도 한다. 무엇이든 지금의 버터미어는 내게 버터처럼 고소하고 소의 울음소리처럼 구수하다.

베아트릭스의 마을, 호크스헤드

호크스헤드 마을은 베아트릭스 포터의 흔적을 가장 많이 지니고 있는 곳이다. 마을에서 조금 떨어진 곳에 그녀가 처음으로 사들여 죽는 날까지 운영했던 힐탑Hill Top 농장이 있다. 레이크 디스트릭트의 많은 마을 중에 베아트릭스는 왜 호크스헤드라는 이 작은 마을에 자리를 잡았을까? 생각해보면 베아트릭스의 생각이 조금은 읽힌다.

호크스헤드는 동쪽으로는 레이크 디스트릭트의 가장 큰

호수인 윈드미어를 두고 있고, 서쪽으로는 코니스톤 워터 Coniston Water 호수가 있다. 두 호수가 괄호 부호처럼 구부러져 있는 사이에 아늑하게 작은 호수를 부록처럼 달고 호크스헤드 마을이 자리 잡고 있다. 두 개의 호수가 바로 근처에 있지만 신기하게도 마을은 숲 속에 들어선 듯 안락하다. 너무 인접해 호수가 있었다면 습한 기운과 바람에 편치 않았을 텐데 떨어져 있으니 숲이 바람과 안개를 막아 농장을 하기에 딱 좋아 보인다. 내가 베아트릭스였다 해도 변화하지 않고, 소박한 이 마을을 택했을 것 같다.

영국에서 가든 디자인 공부를 하며 뜻하지 않게 한국에서도 관심 갖지 않았던 풍수지리를 다시 보게 됐다. 땅에도 성질이 있다. 온화한 성질의 땅, 거친 내침의 땅. 각양각색의 땅은 그 성질대로 식물을 담고, 식물도 그 땅을 닮는다. 그런데 그 땅은 바람이 어떤 길을 내고, 물이 어디에서 시작돼 어떻게 흘러가는지와 매우 밀접한 관련을 맺는다. 그래서 풍수는 땅을 이해하는 경험의 과학이다. 베아트릭스가 동양의 풍수 사상을 따랐을 리도 없고, 나 역시도 풍수를 잘 아는 사람도 아니지만 거센 바람이 잦아드는 곳, 험하지 않은 순한 물길을 찾아 자리를 잡는 일이 결국 풍수지리고 그건 동서양이 다를 리 없다는 걸 느낀다.

산을 품은 마을, 코니스톤

호크스헤드 마을의 서쪽으로 이웃해 있는 마을 코니스톤 Coniston. 코니스톤 역시 호수를 끼고 있는 마을로 호수의 이름은 코니스톤 워터다. 빙하에 의해 만들어진 호수는 그 형태가 독특하다. 강처럼 폭이 좁고 길어서 코니스톤 워터 호수도 길이는 8킬로미터에 달하는데, 폭은 800미터밖에 안 된다. 대신 수심은 56미터나 될 정도로 깊다.

공용주차장에 차를 대고 마을로 걸어가려고 고개를 드는데 순간 엄청난 덩치의 산이 와락 달려든다. 깜짝 놀랐다. 점심때가 지나고 있어 우선 배가 고파 눈에 띄는 첫 집에 들어가 메뉴

에 있는 쇠고기버거를 시켰다. 음식이 나올 동안, 안내소에서 얻은 지도를 펼쳐보니 코니스톤은 호수보다 산이 더 유명한 곳이다. 코니스톤 마을의 북쪽과 서쪽이 온통 산맥들이다. 그중 가장 높은 산이 해발 803미터의 올드맨 오브 코니스톤Old Man of Coniston. 우리말로 하자면 '코니스톤의 노자' 혹은 '현자'쯤 되려나. 산에 이런 이름을 붙였다는 게 어쩐지 동양적이라는 생각이 든다. 올드맨 산은 화산 폭발로 형성된 암석산으로 800년이 넘게 이곳에서 슬레이트와 구리 채광을 많이 했었다. 그래서 산이 초록이 아니라 검은빛이 나는 회색으로 보였던 모양이다. 산속에는 한라산 백록담을 닮은 화구호가 세 개나 있다.

크고 깊은 산을 등 뒤에 두고 사는 사람들은 그 기상이 좀 남달라 보인다. 그걸 매일 보며 자랐으니 산이 품고 있는 에너지를 분명 많이 받았을 게다. 아기자기하고 예쁜 마을도 좋지만 이 듬직한 뒷산을 지닌 코니스톤이 맘에 든다. 무뚝뚝해도 속정이 깊을 것 같은 마을이다.

회색의 앰블사이드

앰블사이드는 레이크 디스트릭트에서 상업적으로 가장 번화한 마을이다. 역사적으로는 AD79년에 로마가 영국을 점령

한 뒤 500여 명의 병사가 묵을 수 있는 주거지를 마련하면서 앰블사이드 역사가 시작됐다. 하지만 그 당시 로마의 모습은 찾아볼 수 없고, 지금 남아 있는 모습은 빅토리아 여왕 시대의 집과 거리 모습이다.

시내를 흐르는 작은 개천을 따라 걷다보면 앰블사이드를 대표하는 건축물인 '브리지 하우스Bridge House'가 보인다. 작은 개천에 다리를 만들고 거기에 2층집을 얹어놓았다. 원래는 여름 별장으로 지어졌다가 훗날에는 사과저장소로 이용됐고, 1926년 지역 주민이 사들인 뒤, 내셔널 트러스트 단체에 기증되었다. 그래서 지금은 내셔널 트러스트의 안내소로 이용되고 있다. 브리지 하우스의 아치 다리 밑을 흐르는 물이, 담을 쌓아도 구멍을 내 물길을 바꾸지 않았던 우리의 정원을 연상시킨다.

앰블사이드 마을 전체가 유난히 회색으로 보이는 건, 건물의 외장인 돌이 회색빛을 띠는 슬레이트이기 때문이다. 슬레이트는 레이크 디스트릭트의 산에서 태어난 광물로 이 지역 사람들의 중요한 건축 재료가 돼주었다. 아마 이곳이 레이크 디스트릭트가 아니었다면, 이 회색의 슬레이트 돌집들은 우울했을지도 모른다. 하지만 이곳 산에서 태어난 돌로 지어진 이 마을은 회색조차도 레이크 디스트릭트답게 은은히 빛나게 한다.

윈드미어 호수

　윈드미어 호수는 만 삼천 년 전 빙하가 빠져나간 뒤 남겨진 호수로, 레이크 디스트릭트뿐만 아니라 영국 전체에서도 가장 커서 호수 안에 크고 작은 섬이 열여덟 개나 있다. 지도상으로 보면 고추처럼 길쭉한 윈드미어는 동쪽에서 서쪽으로 살짝 기울어져 있다. 호수의 길이가 무려 18킬로미터에 달하고, 스코틀랜드에 있는 네스 호Loch Ness에 산다는 괴물이 이곳에서도 발견됐다는 기록이 남아 있다.

　윈드미어는 옛날 노르웨이 어에서 비롯된 것으로 비난드르Vinandr라는 사람이 살았던 호수라는 뜻으로 'Winandermere'가 되었다 지금은 'Windermere'가 되었다. 이 호수를 바라보며 형성된 마을은 북쪽의 엠블사이드를 포함해 워터헤드Waterhead, 윈드미어 마을Windermere Village, 동쪽의 보우네스Bowness, 페리 냅Ferry Nab, 레이크 사이드Lake Side, 뉴비 브리지Newby Bridge 그리고 남쪽의 끝 펠 풋Fell Foot이 있다. 호수를 마주하고 있는 마을의 소통은 호수를 운행하는 여객선이 맡는다. 이곳을 오가는 여객선 말고도 윈드미어는 보트를 즐기는 사람들의 천국이기도 하다. 그러나 2000년에 공표된 법률안에 의해 원동기를 이용한 모든 보트는 그 속도를 시간당 19킬로미터 이상 낼 수 없다. 윈드미어보다 작은 호수에서의 속도는 5.2킬로미터이기 때문에 거의 바람이 밀어내는 속도와 비슷하다. 물론 이 조치가 내려진 건 호수를 보호하고 더불어 호수의 조용함을 지키기 위함이다.

레이크 디스트릭트엔 지금도 자연을 있는 그대로 지키고 싶어하는 사람과 상업적으로 이용하려는 사람들 사이의 갈등이 심하다. 경제 논리를 앞세운 사람들에게 이런 법규는 발목을 잡는 족쇄임에 틀림없다. 그러나 누구를 위한 경제적 이득인지를 생각하면 답이 분명해질 것도 같다. 개발업자가 아닌 레이크 디스트릭트와 그곳에서 살고 있는 사람과 자연을 위한 이득이라면 레이크 디스트릭트는 분명 지금 이대로도 행복하다.

여유로운 호수 마을, 글렌라이딩

남쪽에서 보자면 호숫가 끝 부분이 동북쪽으로 꺾여 있다. 울스워터라고 이름 붙여진 이 호수의 남쪽 끝에 글렌라이딩 마을이 있다. 레이크 디스트릭트에서는 그 크기가 윈드미어 호수 다음으로 크다. 그리고 레이크 디스트릭트의 호수 중 가장 맑고 깊은 호수라고도 한다.

호수를 끼고 있는 마을이라고 해도 호수를 바로 앞에 두고

인접해 발달하는 경우는 드문데 글렌라이딩은 마을이 호수를 끌어안고 형성돼 있다. 호수 가까이 마을이 들어섰다는 것은 울스워터 호수가 순했다는 말도 된다. 순한 호수였기 때문에 두려움 없이 물가에 마을이 만들어졌을 터였다. 그래서인지 요트 선착장의 요트도 물결의 요동 없이 참 찬찬하다.

 호숫가를 걷다가 개인 사유지라는 푯말에 발길을 멈췄다.

더 이상 들어오지 말라는 그 표시가 참 맘 상하게 하고 있었다. 그 개인 사유지의 작은 선착장에서 빨간 카누 한 대가 호수로 나왔다. 카누 안에 앉아 있는 중년의 아저씨가 여유 있게 노를 저으며 내가 서 있는 쪽으로 다가온다. 유유자적 놀며 가는 짬이라 생각했는데 다시 보니 카누 바로 곁에서 수영하는 여자 때문에 아주 느린 속도로 가고 있었다. 카누 안의 남편은 아내의 수영 속도에 맞춰 천천히 노를 젓는 중이었다. 4월 중순, 아직은 물속에 몸을 담그고 수영을 하기엔 좀 추운 날이었다.

선택 받은 사람만이 누릴 수 있는 여유겠지만 내가 할 수 없다고 심통 부릴 이유도 없지 않을까? 내 눈에는 세상에서 가장 고급스러운 여유를 즐기고 있는 그들의 사치가 많이 좀 부러웠다.

시인의 마을, 그래스미어

시인, 윌리엄 워즈워스는 그래스미어Grasmere에서 14년간 살았다. 훗날 그는 이곳을 '인간이 발견할 수 있는 가장 아름다운 지점The loveliest spot that man hath ever found'이라는 표현을 했다. 누구에게나 고향은 소중하고 아름답다. 하지만 워즈워스의 그래스미어에 대한 사랑은 단순히 고향이기 때문이라고 보기엔 객관적으로도 아름답다. 그래스미어 마을은 같은 이름의 그래스미어 호수를 남쪽에 두고 서쪽으로는 그레이트 랑데일 계곡의 끝자락에 놓여 있다. 그래스미어는 레이크 디스트릭트의 다른 마을보다 비교적 안온하고 그 풍경이 조금은 더 순하다. 앰블사이드만큼 화려하지는 않지만 소박하게 자연적으로 타고난 멋이 흐른다.

그래스미어 시내 중심부에 위치한 교회는 마치 모더니즘의 간결주의를 보는 듯 단순하지만 어떤 치장도 없이 그 비율만으로 조화가 느껴진다. 그 교회 뒤편에 마을의 공동묘지가 있는데 이곳에 시인, 윌리엄 워즈워스가 묻혀 있다. 그의 묘를 찾아 일부러 그래스미어를 찾는 관광객도 많다. 묘지에서 바라보는 마을의 경치에 로테이Rothay 강이 순하게 들어온다. 강이 있는 마을이나 도시는 더없이 풍요롭고 부드러워진다. 굽이도는 강을 따라 집들이 강가를 보며 들어서 있다. 강을 바라보며 사는 사람들은 왠지 이해심이 더 많을 것도 같다. 워즈워스가 묻힌 묘지의 앞, 벤치에 잠시 앉아 로테이 강과 그래스미어의 마을을 바라본다. 시인이 살았던 마을은 지금도 시가 흐르고 있는 듯하다. 시인이 있어 마을이 아름답고, 이 마을이 아름다워 시인을 키워내지 않았을까? 시인과 마을의 참 아름다운 공생이다.

송어의 마을, 트라우트벡

마을 이름이 '송어'를 뜻하는 'Trout'에 '작은 계곡'을 뜻하는 'Beck'이 합성돼 있다. 짐작하건대 계곡에 송어가 많이 살고 있을 게 분명하다. 마을은 좁고 구불거리는 산 중턱에 줄지어 들어서 있다. 그간 다녀온 레이크 디스트릭트의 아름다운 마을이 많았는데도 유난히 이 마을에 정이 간다. 물론 나만 이런 기분을 느낀 건 아니다. 근처에 농장이 있었던 베아트릭스는 유난히 이 트라우트벡Troutbeck을 사랑했다고 전해진다.

> I loved to wander on the Troutbeck Fell
> More often I went alone, but never lonely.
> There was always the company of gentle sheep, and wild flowers, and singing water.
> 나는 트라우트벡 언덕 길 산책을 사랑한다.
> 대부분 나 혼자 걷는 길이다, 하지만 외롭지는 않다.
> 점잖은 양들과 야생화들과 노래하는 물이
> 나와 늘 함께한다

어쩌면 베아트릭스 포터가 이런 기분으로 이곳을 걸었을

지도 모른다. 앞서 간 그녀의 발자국이 아직도 이 길 위에 남아 있는 듯, 그녀가 걸어갔을지도 모를 길을 또박또박 쫓아가본다. 그녀는 종종 런던으로 가족을 보러 가기도 했지만 하루 이상을 머물지 않고 이곳으로 다시 돌아오곤 했다. 하지만 이런 그녀였다 해도 분명 런던을 떠나올 때 많은 갈등과 고민이 있었으리라. 손에 쥔 것을 놓는다는 것이 결코 쉽지는 않았을 것이다.

   1905년 서른아홉의 나이로 레이크 디스트릭트로 이주해 온 그녀는 모험과도 같은 자신의 40대의 삶을 열어가기 시작했다. 해보지도 않았던 농장 경영을 시작했고, 그러면서도 그녀는 창작에 대한 열정을 멈추지 않았다. 낮엔 농장에서 가축을 관리하며 하루를 보내고, 밤이면 동화를 쓰고, 그림을 그리며 그녀는 스물세 편의 책을 남겼다. 왕성한 창작활동을 했던 그녀의 나이, 서른아홉에서 쉰여섯은 정확하게 레이크 디스트릭트에서의 그녀 삶과 일치한다. 많은 것을 버리고 왔던 그녀였지만, 레이크 디스트릭트는 더 많은 것을 그녀에게 다시 돌려준 셈이다.

타운 엔드 농장

트라우트벡 마을의 남쪽 끝에 있는 타운 엔드Town End Farm & Garden농장이다. 베아트릭스 포터와 타운 엔드 농장은 직접적인 관련은 없지만 이 집안의 딸과 그녀는 친한 친구 사이였다. 베아트릭스가 산책 길에 종종 이곳에 들러 둘은 농장에 관련된 이야기를 많이 나눴다고 전해진다. 지금의 타운 엔드 농장은 길을 두고 주거지인 집과 농장이 나뉘어져 있다. 이 농장이 들어선 것은 1626년 조지 브라운George Brown에 의해서였고 이후 열두 세대가 바뀌는 동안에도 근 400년 동안 농장은 브라운 가문에 의해 운영되었다. 하지만 안타깝게도 브라운 가문의 대가 끊어지게 되자 1943년 농장은 내셔널 트러스트에 기증되었다.

기대하지 않고 들어섰는데 정원이 아름답다. 전형적인 영국식 코티지 정원이다. 코티지는 '시골집'을 뜻하는 말로, 정원 디자인에도 '코티지 가든'이라는 용어가 사용된다. 코티지 가든은 나무보다는 야생화와 채소, 허브가 혼합돼 색감이 화려하게 구성된다. 셰익스피어가 살았던 시대에 영국에 이미 널리 퍼져 있었던 정원으로 훗날 이 정원이 꽃의 정원을 탄생시킨 모태가 된다. 정원은 귀족에 의해 발전된 문화가 분명하지만 그렇다고 서

민들에게 정원이 없었던 것은 아니다. 스스로 자생한 지역 야생화로 일군 정원이기에 그만큼 자생력도 강하다. 예술과 기능이 예쁘게도 들어앉은 사랑스러운 정원이다.

주목나무 농장

'Yew'는 주목나무를 말한다. '주목나무 농장'이라는데 이상하게 주변을 둘러보아도 주목나무가 잘 보이지 않는다. 사실 이곳은 2006년에 개봉된 르네 젤 위거 주연의 〈미스 포터Miss Potter〉의 촬영 장소이기도 하다. 원래는 힐탑 농장이 배경이었으나 촬영 장소로 비좁을 뿐만 아니라 보존의 이유 때문에 내셔널 트러스트의 허락을 받지 못해 결국 이곳 유트리 농장에 힐탑 정원을 꾸며놓고 촬영을 했다.

유트리 농장은 현재 숙소를 제공해주는 게스트하우스로, 이곳을 찾는 휴가객을 맞는다. 원래는 작은 찻집도 함께 운영을 했는데 영화 상영 후, 이곳을 찾는 사람들이 너무 많아져 결국 폐쇄 결정을 하고 말았다. 그런데 이 결정이 나에겐 참 이상한 일이 아닐 수 없다. 상식적이라면 유명세를 타고 있는 찻집을 더욱 확대해서 더 많은 관광객을 유치해 수입을 늘리려고 하는 것이 아닌가? 그런데 이 집 주인은 사람이 많이 와서 일손도 달리고, 원래의 모습을 지키는 데 어려움이 생긴다는 이유로 찻집의 문을 닫았다.

내가 도착한 날은 먼지 하나 날리지 않았던 명쾌한 날씨임에도 불구하고 들고 나는 사람은 농장 앞 작은 호수의 벤치에 앉아 망원경으로 물속의 물고기를 관찰하는 노부부 외에는 발걸음이 없었다. 와달라고 부탁하지 않는 이 레이크 디스트릭트

의 인심이 쉽게 맘 주지 않는 애인처럼 자꾸 더 매달리게 하고, 욕심나게 만든다.

정원庭園은 정원精園이다

700년이 넘은 성, 안위크 캐슬Alnwick Castle은 아직도 퍼시 Percy 가문의 공작이 살고 있는 개인 영주지다. 영국이란 나라, 참 재미있다. 정치적으로는 민주주의를 가장 먼저 받아들인 나라지만, 아직도 왕족과 귀족이 존재하고 왕자의 결혼식 날이 공식 휴일이 되는 나라다. 그런데 이 700년 전통의 공작 가문에서 10년 전 큰 결심을 했다. 성에 딸린 공원 부지의 일부를 환경과 어린이를 생각하는 정원으로 바꾸는 일이었다. 이렇게 조성된 안위크 캐슬Alnwick Castle & Garden은 지금 영국의 큐 가든과 더불어 가장 관람객이 많이 찾아오는 정원이 되었다.

정원엔 크게 네 개의 테마가 흐른다. 분수를 이용한 '물의 정원', 채소와 과실수를 기르는 '키친 가든', 나무집, '트리 하우스', 그리고 안위크 캐슬만의 독특한 식물 전시, '독식물 정원 The Poison Garden'이다. 물의 정원은 물놀이를 좋아하는 아이들의 흥미를 끌기 충분하고, 정갈하고 아기자기한 키친 가든은 어른들의 눈길을 빼앗는다. 트리 하우스에서 마시는 차 한 잔은 럭셔리 호텔들보다 감동이다. 독식물의 정원은 가이드의 안내에 의해서만 관람이 가능하다. 내가 속한 그룹의 가이드를 맡은 브리짓 아줌마의 설명이 아주 재미있다. 식물의 씨, 뿌리, 잎 등이 어떻게 사람을 죽일 수 있는지, 얼마나 강력한지를 살인 사건과 많은 위인들의 이야기를 곁들어 재미나게 들려준다. 세상에 나쁜 식물은 없다. 그걸 이용하는 나쁜 사람들이 있을 뿐이다.

정원이 자연과 다른 건, 인간과 식물 사이에 이야기가 있기 때문이다. 난 그게 식물과 인간이 나누는 정精이라고 생각한다. 그래서 정원은 정원庭園이기도 하지만, 정원精園이기도 하다.

자연의 디자인, 암석정원

대관령쯤 되는 고개다. 도로가 뱀이 지나간 길처럼 구불거린다. 이정표를 보니 알스톤 무어Alston Moor라는데 무어Moor는 우리나라에는 드문 지형으로 산성이 강한 흙이어서 헤더Heather나 혹은 진달래 류Rhododendron의 식물 같은 풀 종류만이 자란다.

요란한 굉음에 옆을 보니 십여 명의 오토바이족이 나를 앞지른다. 하지만 정해진 속도를 위험스럽게 넘어가는 폭주족은 분명 아니다. 사실 레이크 디스트릭트는 오토바이를 즐기는 마니아들의 천국이다. 좁고 구불거리는 도로는 자동차보다는 오토바이가 제격이어서 개발된 코스도 다양하다. 자전거로도 가능하지만 300킬로미터가 넘는 길을 하루 여덟 시간 가까이 다니기에는 오토바이의 속도가 적당하다. 그 비싸고 멋지다는 할리 데이비슨 오토바이를 구경하려고 산 중턱 임시 주차장에 잠시 차를 세웠다. 그런데 오토바이족이 지나간 뒤, 문득 우뚝 서 있는 앞 봉우리가 맘을 잡아끈다. 꼭대기의 큰 바위에서 떨어져나간 작은 암석들이 바닥에 이리저리 흩어져 있는데 그 흩어진 암석 사이를 이끼와 풀들이 비집고 자리를 잡았다. 돌 틈 사이에 식물이 자리를 잡는 건 돌이 거친 바람과 비를 막아주는 방패막이가 돼주기 때문이다. 정말 더하고 뺄 것도 없는 돌과 식물의 완벽한 정원 디자인이다. 정원 디자인에는 돌과 식물을 이용한 암석정원Rock Garden이라는 형태가 있다. 물론 인간이 돌을 쌓고, 그 사이에 식물을 심어 만든 정원을 말한다. 하지만 'Design by 햇살, 바람, 비, 시간'의 암석정원을 인간이 부리는 기교로 따라잡을 길은 없다.

물의 정원

 정원의 역사를 보면 재미있게도 정원의 주인공은 식물보다 물이었다. 고대 페르시아인들은 자신의 집에 물의 정원, 오아시스를 꿈꿨다. 그 정원이 16세기 이탈리아 정원의 물의 정원Water Garden을 만들었다. 지금도 역사상 가장 화려했던 물의 정원이 거기에 있다. 빌라 데스떼Villa d'este, 빌라 랑트Villa Lante 이곳에서 우리는 물이 정원의 주인공이라는 것에 마침표를 찍게 된다. 그런데 왜 물이었을까? 그건 집착 때문이었다. 이들에게 물은 고갈되지 않는 자원이 아니라 애타게 찾고, 붙잡아야 하는 '도망치는 애인'이었다. 그 집착의 정수를 우리는 러시아의 상트 페테르부르크Saint Petersburg에서 발견할 수 있다. 춥고 시린 나라, 러시아의 상트 페테르부르크의 피터 대제는 물의 정원인 여름 궁전의 정원Peterhof Garden을 만든다. 분수만 해도 150개에 이르고, 전체 분수의 물 길이가 무려 22킬로미터에 달한다. 물이 정원이고, 정원이 물로 가득하다.

 페르시아를 거쳐 스페인, 이탈리아, 그리고 러시아까지 번져갔던 그 물의 정원을 안위크 캐슬 정원에서 현대적인 느낌으로 다시 만났다. 정원의 역사를 보면 물의 정원은 이미 꽃의 정원에 주인공 자리를 내놓은 지 오래다. 대신 물은 주인공이 아

니라 조연의 역할로 정원에 스며들었다. 소리 없는 정원에서 물은 아우성이다. 분수에서 쏟아지는 물들은 정원을 깨어나게 하고, 소란하게 만든다. 그 안에서 아이들도 같이 뛰고, 소리 지른다. 아직도 여전히 정원이 주인공이 아닐 수 없다.

튤립과 체리 과수원

안위크 캐슬 정원에서 뜻밖의 행운을 만났다. 1년 중 딱 열흘만 보여준다는 장관이 날 기다리고 있을 줄 몰랐다. 체리나무엔 하얀 벚꽃이 한창이었다. 그리고 그 밑으로 셀 수도 없는 튤립이 가득했다. "세상에 대체 몇 송이야?"라는 찬사가 절로 쏟아졌다.

튤립이 피는 시기는 4월 말에서 5월 사이다. 이미 핀 튤립이 3분의 1 정도고 나머지는 꽃봉오리가 출산을 앞두고 오늘내일 날짜를 손꼽는 임산부처럼 초조해 보인다. 이 꽃들이 다 피어나면 세상이 정말 온통 분홍이 될 것이다. 일부러 구불거리게 만들어놓은 오솔길을 천천히 걷고 싶어, 체리꽃 한번 올려다보고, 튤립 한번 내려다보며, 병아리가 물 먹고 하는 이상한 고갯짓을 하며 걷게 된다. 감동은 우리의 기준을 넘어섰을 때 다가온다. 생각할 수 없는 작음, 상상하기 힘든 거대함, 미처 준비하지 못한 놀라움과 공포. 짐작했던 것을 뛰어넘었을 때 우리는 감탄과 감동을 맛본다. 이 아름다운 식물의 감동은 튤립 자체가 아니라 상상을 넘어선 그 숫자의 놀라움이기도 했다.

　누군가 정원사는 화가와 비슷한 일을 하는 직업이라고 했다. 물감 대신 식물로 대지 위에 그림을 그리는 사람. 그 말이 맞다. 결국 정원 디자인은 디자이너가 아니라 식물이 한다. 다만 디자이너는 식물이 지닌 색, 질감, 형태에 따라 식물을 심어주고, 식물이 스스로 빛내주길 기다릴 뿐이다. 프랑스의 인상주의 화가, 클로드 모네는 화가이면서 정원사였다. 그는 자신의 화폭에 정원을 담고 싶어 직접 식물을 심고, 가꾸었고 훗날에는 정원 속에 묻혀 지냈다.

　내가 걷고 있는 이 과수원의 풍경 속에서만큼은 복잡한 감정이 존재하지 않는 듯하다. 그냥 식물과 내가 거기에 있을 뿐이다. 1년에 한 번이라도 이 풍경 속에 있을 수 있다면 나머지 날들이 지독하게 힘들어도 견딜 만하지 않을까?

크래그사이드 정원

　크래그사이드Cragside House & Garden는 우뚝 솟아 있었다. 가파른 언덕에 집을 짓고, 그 언덕을 이용해 정원을 만들었다. 경사 각도가 45도는 되어 보인다. 위에서 내려다보면 계곡이 까마득하고, 아래에서 올려다보면 가파르기가 고개를 꺾게한다. 그 가파르기를 이용해 만들어놓은 암석정원은 우뚝 선집이 자연으로 흘러가도록 길을 안내한다. 계곡을 가로지르는 다리는 드라마틱한 내려다봄과 올려다봄을 만들어낸다. 계곡엔 인간이 아니면 나란히 설 수 없는 식물들이 참 아닌 척 자연스럽게도 함께하고 있다.

세상 모든 것들은 동전의 양면처럼 장점과 단점이 같이 따라다닌다. 정원을 앉히는 데 이 가파른 경사가 골칫거리였을 터이지만 오히려 크래그사이드를 어디에서도 볼 수 없는 가파른 정원, 계곡정원으로 탄생시켰다. 크래그사이드 정원의 감동은 이웃해 있는 풍경과의 조화였다. 동양의 선조들이 뒷산, 앞산의 경치를 자기 마당에서 감상할 수 있도록 빌려왔던 경치, 그 차경Borrowed Scenery이 크래그사이드에서도 보인다.

펠 풋 공원

윈드미어 호수의 남쪽 유원지, 뉴비 브리지 마을의 펠 풋 공원Fell Foot Park이다. 유원지 안에는 그간 레이크 디스트릭트에서 한 번도 본 적 없는 수많은 인파가 몰려 있었다. 여름의

기운이 완연한 토요일이었다. 요일을 잊고 지냈다는 생각이 문득 들었다. 잔디에 누운, 눈길 주기 민망한 젊은 연인들부터, 아들과 공놀이를 하는 아빠, 책을 읽고 있는 노부부, 보트를 타고 있는 젊은이들. 각양각색의 휴식이 공원 안에 가득하다. 이 다양한 휴식 속에 나도 슬쩍 내 자리 하나를 만들어본다. 아름드리나무는 내 팔로는 안을 수 없을 만큼 굵어, 공원의 역사가 생각보다 깊다는 걸 알게 해준다.

배가 들고 나는 선착장의 문을 돌로 쌓아 아치로 만들었다. 이 고풍스러운 선착창의 문으로 배가 정기적으로 호수 건너편과 이곳을 오간다. 너른 공원에 가득 찬 사람들이 족히 천 명도 넘어 보이는데 상점은 하나뿐이다. 10분 넘게 줄을 서서 커피 한 잔을 겨우 챙겼다. 먹을 것도 팔지 않는 이곳에서 사람들은 뭘 딱히 하는 게 없다. 하늘을 벗 삼아 자고, 물에 발을 담그고, 책을 읽고. 뭘 하러 나온 것이 아니라 아무것도 하지 않을 수 있는 자유를 즐기러 나온 듯싶다. 이런 문화의 뿌리도 자유로운 자연 속이 가르쳐준 것일까? 휴가 때마저도 뭔가를 해야 한다는 강박관념에 숨 가쁜 내가 '살다온 문화'를 다시 생각해본다.

베아트릭스 포터의 힐 탑 가든

피터 래빗의 동화작가, 베아트릭스는 부유한 집에서 태어났다. 때문에 가난을 잘 모르는 사람이다. 하지만 그녀는 이곳 레이크 디스트릭트에서 검소한 삶을 살았다. 그녀의 남편은 베아트릭스가 자신이 퇴근해 돌아오기 전까지는 집 안에 불을 켜지도 않고 어둠과 추위 속에 지냈다고 회고하기도 했었다. 혼

자 누리자고, 집 안에 불을 켜고, 벽난로 때는 일을 미안하게 생각했던 그녀였던 듯싶다.

　오자마자 가고 싶었지만 마지막 클라이맥스를 기다리는 사람처럼 난 베아트릭스가 살았던 힐탑 가든Hill Top Garden을 찾는 일을 뒤로 미루고 있었다. 농장은 집에서 조금 떨어진 곳에 있고, 힐탑 가든은 그녀의 집과 정원이 있는 곳이다. 줄을 서서 시간표를 받아서 들어가야 할 만큼 레이크 디스트릭트의 인기 명소지만 정작 정원은 생각보다 작고 지극히 소박했다. 화려한 꽃으로 장식된 정원이 아니라 장미로 울타리를 세우고, 채소와 허브를 길러 식탁에 올리는 작은 텃밭 정원이다. 베아트릭스는 이곳에서 토끼를 길렀는데, 텃밭 정원을 망칠까 봐 개 목걸이를 토끼 목에 건 채 산책을 즐겼다.

힐탑 가든의 소박함은 들어선 지 5분이 되지 않아 이내 편안함으로 바뀌었다. 너무 잘생기고 예쁜 사람 앞에서 서면 주눅이 드는 것처럼 멋있고 화려한 정원은 맘을 편하게 해주지는 않는다. 하지만 소박해서 푸근하고, 만만해서 만나면 얘기가 술술 풀리는 사람처럼 그녀의 정원은 정겹고 편안했다. 이 만만한 정원에서 베아트릭스는 매일 식탁에 올릴 채소와 허브를 따고, 그걸로 요리를 만들었을 것이다.

정원이 얼마나 화려하고, 얼마나 많은 상징과 메시지를 담아야 하는 것일까? 내가 심을 수 있을 정도의 꽃을 심고, 내가 먹을 수 있을 정도의 채소를 길러낼 수 있는 곳이라면 이걸로 정원은 충분하지 않을까?

낯선 정원에서 엄마를 만나다

1판 1쇄 발행 2012년 1월 13일
1판 5쇄 발행 2019년 6월 30일

지은이 오경아
펴낸이 김성구

단행본부 류현수 고혁 홍희정 현미나
디자인 이영민
제 작 신태섭
마케팅 최윤호 나길훈 김영욱
관 리 노신영

펴낸곳 ㈜샘터사
등 록 2001년 10월 15일 제1-2923호
주 소 서울시 종로구 창경궁로35길 26 2층 (03076)
전 화 02-763-8965(단행본부) 02-763-8966(마케팅부)
팩 스 02-3672-1873 **이메일** book@isamtoh.com **홈페이지** www.isamtoh.com

ⓒ 오경아, 2012, Printed in Korea.

이 책은 저작권법에 따라 보호를 받는 저작물이므로 무단 전재와 복제를 금지하며,
이 책의 내용의 전부 또는 일부를 이용하려면 반드시 저작권자와 ㈜샘터사의 서면 동의를 받아야 합니다.

ISBN 978-89-464-1818-9 03810

이 도서의 국립중앙도서관 출판시도서목록(CIP)은 e-CIP 홈페이지
(http://www.nl.go.kr/cip.php)에서 이용하실 수 있습니다. (CIP제어번호: CIP2011005781)

값은 뒤표지에 있습니다.
잘못 만들어진 책은 구입처에서 교환해 드립니다.